# DER WALD
# ALS ERLEBNISPÄDAGOGISCHER LERNORT
# FÜR KINDER

Schriftenreihe

**KLEINE SCHRIFTEN ZUR ERLEBNISPÄDAGOGIK**

**– Band 25 –**

**Herausgegeben**

**von**

***Prof. Dr. phil. habil. PhDr. Jörg W. Ziegenspeck***

UNIVERSITÄT LÜNEBURG

**Fachbereich 1: Erziehungswissenschaft**

Die Deutsche Bibliothek - CIP-Einheitsaufnahme

Berthold, Margrit:
Der Wald als erlebnispädagogischer Lernort für Kinder /
Margrit Berthold und Jörg W. Ziegenspeck.
Institut für Erlebnispädagogik e.V., Lüneburg. -
Lüneburg : Verl. Ed. Erlebnispädagogik, 2002.
(Schriftenreihe: Kleine Schriften zur Erlebnispädagogik ; Band 25)
**ISBN 3-89569-058-9**



Druck und Herstellung: Books on Demand GmbH - Hamburg

**ISBN 3-89569-058-9**

Institut für Erlebnispädagogik e.V.
Lüneburg

*Margrit Berthold*
**und**
*Jörg W. Ziegenspeck*

# DER WALD ALS ERLEBNISPÄDAGOGISCHER LERNORT FÜR KINDER

Verlag
"edition erlebnispädagogik"
Lüneburg

# Inhaltsverzeichnis

# 0. Einleitung

*„Der Wald als erlebnispädagogischer Lernort für Kinder"* - so lautet der Titel dieses kleinen Buches. Vielleicht läßt sich sein Inhalt am ehesten mit Fragen umschreiben, die sich hinter dem Titel verbergen und auf die es eine Antwort sucht:

- Was ist eigentlich ein erlebnispädagogischer Lernort für Kinder?
- Was macht den Wald aus, welche allgemeinen und pädagogischen Aspekte birgt er in sich?

Aus den Antworten auf diese beiden grundsätzlichen Fragen resultieren konkrete Überlegungen:

- Welche Aktivitäten sind im Wald möglich?
- Welche Lernpotentiale sind in diesen Aktivitäten enthalten?
- Entsprechen die Aktivitäten den Bedürfnissen von Kindern? (Von welchen Grundbedürfnissen bei Kindern kann ausgegangen werden?)
- Bietet der Wald heute vernachlässigten Bedürfnissen Raum und kann er durch die damit verbundene Erlebnisqualität einen besonderen Wert für Kinder bekommen?
- Wie sieht es mit der praktischen Umsetzung von Erlebnispädagogik im Wald aus?
- Inwieweit wird Erlebnispädagogik im Wald bereits umgesetzt?

Die Reihe an Fragen ließe sich weiterführen. Immer wieder wird versucht, einen Bogen zwischen Vergangenheit und Gegenwart in der Absicht zu schlagen, Altes wieder neu zu entdecken und Gegenwärtiges aus einem anderen Blickwinkel zu sehen.

Die vorliegende Arbeit will einen Beitrag leisten, Erlebnispädagogik im Wald mit Kindern verstärkt in Betracht zu ziehen.

Kapitel 1 gibt einen Einblick in die Erlebnispädagogik und erläutert den Aufbau des Buches. Leser und Leserinnen, die an allgemeinen Informationen über den Wald interessiert sind, seien auf Kapitel 2 verwiesen und Interessierte, die Hinweise für die Praxis suchen, auf die Kapitel 4 und 5.

Die Schule liegt uns besonders am Herzen. Deshalb sei an dieser Stelle auch auf Kapitel 6.2. hingewiesen.

Bereits der heilige Bernard von Clairvaux bemerkte:

**„Du wirst mehr in den Wäldern finden als in den Büchern.<br>Die Bäume und die Steine werden Dich Dinge lehren,<br>die Dir kein Mensch sagen wird."**

Nun noch einige begriffliche Anmerkungen:

- Der Begriff „Kinder" im Titel bezieht sich in erster Linie auf Grundschulkinder, also Mädchen und Jungen der Altersgruppe zwischen sechs und zehn Jahren. Die in der Arbeit formulierten Anregungen sind dennoch vielfach altersübergreifend.
- Einige Textpassagen werden pauschal wirken, wenn beispielsweise Begriffe wie „Kinder heute", „heutige Kinderwelt" oder „Bedürfnisse von Kindern" erscheinen. Durch die Formulierung sollen Tendenzen aufgezeigt werden. Die Notwendigkeit der Differenzierung und der individuellen Unterschiede in Kinderwelten - bezogen auf das Aufwachsen der Kinder und ihre Bedürfnisse - sollen an dieser Stelle hervorgehoben werden.
- Der Begriff „Natur" ist im Zusammenhang der Mitwelt zu sehen.
- Wenn von Aktivitäten und Erlebnissen geschrieben wird, werden darunter Aktivitäten und Erlebnisse aus erster Hand verstanden.
- Der Vereinfachung halber wurden die Begriffe „Betreuer" oder „Pädagoge" verwendet. Gemeint sind damit immer Betreuer und Betreuerinnen, Pädagogen und Pädagoginnen.

**Danksagung**

Zum Abschluß möchten wir allen danken, die uns bei der Erstellung dieser Arbeit geduldig beiseite standen, insbesondere Ralf Wilke.

**Widmung**

Dies Buch ist allen Erdenbürgern gewidmet, die vor kurzem geboren wurden und lernen, die Welt als Wunder, Geschenk und Aufgabe zu erleben.

**Lüneburg,**
**15. Januar 2002**

***Margrit Berthold***
**und**
***Jörg W. Ziegenspeck***

**Anschriften:**

Margrit Berthold
Am Greiffeld 17
38259 Salzgitter
e-mail: Margrit.Berthold@web.de

Prof. Dr. Jörg W. Ziegenspeck
Institut für Erlebnispädagogik
an der Universität Lüneburg
e-mail: ziegenspeck@uni-lueneburg.de

# 1. Erlebnis - Erlebnispädagogik - erlebnispädagogischer Lernort

Das vorliegende Kapitel klärt die Frage, was unter einem „erlebnispädagogischen Lernort für Kinder" zu verstehen ist. Da sich „erlebnispädagogisch" begrifflich von „Erlebnispädagogik" ableiten läßt und diese das Erlebnis als fundamentalen Bestandteil der Pädagogik betrachtet, wird zunächst auf die Bedeutung von Erlebnissen und auf die „Erlebnispädagogik" näher eingegangen. Im letzten Unterkapitel wird nach dieser Einleitung die Gliederung der Arbeit verständlich.

## 1.1. Das Erlebnis als zentraler Begriff in der Pädagogik

Beschäftigt man sich mit dem Begriff „Erlebnis", wird man feststellen, daß dieser heute insbesondere in der Fachsprache der Psychologie verwendet wird:

> *„Erlebnis wird als innerer mentaler Vorgang gesehen, bei dem äußere Reize aufgrund von Wahrnehmung, Vorwissen und Stimmung subjektiv zu einem Eindruck verarbeitet werden." (HECKMAIR, B. / MICHL, W., 65)*

Daß das Erleben und damit auch das Erlebnis einen besonderen Stellenwert im Leben eines jeden Menschen hat, wird schon dadurch deutlich, daß die Psychologie in der Regel definiert wird als die Wissenschaft des Verhaltens und des Erlebens. Im nichtpsychologischen Sinne wird das Erlebnis schlicht als ein besonderes Ereignis betrachtet. Erlebnisse verbindet man gewöhnlich mit dem Neuen, Ungewohnten, Unbekannten. Sie heben sich vom normalen Alltag ab (vgl. HECKMAIR, B. / MICHL, W., 65f.). Der Ursprung der geisteswissenschaftlichen Auseinandersetzung mit den Bestandteilen von „Erlebnissen" findet sich in der Psychologie. Der Lebensphilosoph und Kulturkritiker Wilhelm Dilthey (1833-1911) beschäftigte sich intensiv mit dieser Thematik (vgl. ZIEGENSPECK, J., 1997, 16). Dilthey betonte den Dreischritt von Erleben, Ausdruck und Verstehen (vgl. PETERSEN, D., 10). Waltraut Neubert erkannte die Bedeutung von Erlebnissen für die Pädagogik. Neben der Arbeit wies sie ihnen einen zentralen Stellenwert zu (vgl. NEUBERT, W., 28f.). In ihrer Dissertation: „Das Erlebnis in der Pädagogik" (1930) griff sie den Diltheyschen Erlebnisbegriff auf und faßte sieben entscheidende Merkmale des Erlebnisses zusammen, die an dieser Stelle angedeutet werden sollen:

1. Das Erlebnis ist für das Individuum *unmittelbare Realität*. Es wird nicht gedacht oder gegeben, es „überfällt".
2. Das Erlebnis kann als *gegliederte Einheit* gesehen werden. Es ist von anderen Erlebnissen abgrenzbar.
3. Das Erlebnis besteht aus einem *Spannungsgefüge*, das drei Komponenten beinhaltet:
   - den *Totalitätscharakter:* der ganze Mensch (Körper, Seele, Geist, bzw. der wollende, fühlende und vorstellende Mensch) wird vom Erlebnis erfaßt. Das Gefühl spielt dabei eine wesentliche Rolle.

- den *Subjekt-Objekt-Bezug:* das Erlebnis schafft einen Bezug sowohl zur umgebenden Welt als auch zur Ichbezogenheit.
- die *Allgemeingültigkeit und Individualität:* es gibt Grunderlebnisse, die alle Menschen haben (Liebe, Schicksal, Tod,...). Erlebnisse sind aber auch individuell abhängig von der spezifischen Person und deren Umwelt.

4. Erlebnisse haben *historischen Charakter*: Sie wirken umgestaltend auf den Menschen. Im Erlebnis liegt also eine erneuernde Kraft. Gleichzeitig schwingt in jedem Erlebnis alles je Erlebte mit.
5. Erlebnisse sind *entwicklungsfähig*. Das Erlebnis ist Ergebnis einer Folge von Seelenzuständen, obwohl es die Person scheinbar plötzlich überfällt und - bei positiven Erlebnissen - Geschenkcharakter hat.
6. Das Erlebnis bewirkt einen Willensimpuls, auch *Objektivitätsdrang* genannt, der sich in Ausdruck und Handlung entladen kann. *Erleben führt zu Ausdruck und Ausdruck zu Verstehen.*
7. Durch die Objektivierung von Erlebnissen einer Person (seien sie durch Sprache, Gestik, Kunst, Musik,... ausgedrückt) können andere Menschen diese selber nacherleben und so die sich ausdrückende Person in ihrem Wesen besser verstehen (vgl. NEUBERT, W., 20-24).

Waltraut Neubert leitete aus den genannten Merkmalen Prinzipien für die Pädagogik ab. Das Erleben ist dabei die Grundlage für das Verstehen (Merkmal 6). Aufgabe der Pädagogik ist es, Erlebnisse anzubahnen, denn aufgrund ihres Geschenkcharakters können sie nicht erzwungen werden (Merkmal 5). Über Ausdrucksgelegenheiten soll in einem weiteren Schritt letztlich Verstehen ermöglicht werden (Merkmal 6).

Vor dem Hintergrund aktueller Literatur hat Eckart Balz 1993 versucht, leicht abgeänderte und vielleicht heute verständlichere Bestimmungsmerkmale für das Erlebnis zu finden. Er spricht:

- von der besonderen *Intensität*, die das Erlebnis prägt;
- von dem stark *affektiven Gehalt* eines Erlebnisses;
- von dem *Gegenstandsbezug* eines Erlebnisses;
- davon, daß ein Erlebnis *Wahrnehmung* und damit eine gewisse Offenheit erfordert;
- davon, daß ein Erlebnis eine gewisse *Aktivität* der Person benötigt;
- von einem gewissen *Spannungsmoment*, der einem Erlebnis innewohnt. Es zeigt sich der Person etwas Neues, Fremdes oder Überraschendes;
- von der *Subjektivität* des Erlebnisses: was für einen Menschen ein Erlebnis ist, ist für einen anderen noch lange nicht eines;
- von der *Ich- Wirksamkeit* des Erlebnisses: das Erlebnis bewirkt - da es sich im Gedächtnis verankert - eine Resonanz in der Person (vgl. BALZ, E., 5f.).

Erlebnisse regen also vielfältige Lernprozesse an. Der erzieherische Wert von Erlebnissen wird nach wie vor in der prägenden Bewußtseinsbildung, der Sinnstiftung und der Persönlichkeitsbildung gesehen. Gruppenerlebnissen kommt heute eine besondere Bedeutung zu, denn gerade das gemeinsame Erleben und Handeln in Gruppen kann ihre Mitglieder zu neuen Sichtweisen der Selbst- und Fremdwahrnehmung führen und damit ein verantwortungsbewußtes Verhalten sich selbst und anderen gegenüber fördern (vgl. NICKE, W., 18).

Zur präziseren begrifflichen Bestimmung werden Erlebnisse weiter unterteilt in Alltags-, Natur-, Gemeinschafts-, Selbst-, Nach- und Erfolgserlebnisse, wobei eines im anderen aufgehoben sein kann (vgl. PETERSEN, D., 20).

## 1.2. Über Erlebnispädagogik

Die Erlebnispädagogik hat die besondere Bedeutung von Erlebnissen für den Menschen erkannt. Ihre Wurzeln liegen u.a. bei Wilhelm Dilthey, dessen (von Waltraut Neubert aufgegriffene) Erlebnismerkmale soeben geschildert wurden. Festzustellen ist, daß es die Erlebnispädagogik als klar definiertes oder definierbares Gebilde weder gegeben hat noch gibt (vgl. BAUER, H. G., 8). Es lassen sich aber, auch aus der Geschichte der Erlebnispädagogik heraus, wichtige Grundannahmen und Ziele der Erlebnispädagogik festmachen, die im folgenden dargestellt werden:

Waltraut Neubert verwendete den Begriff Erlebnispädagogik erstmalig und wird neben Kurt Hahn als entscheidende Wegbereiterin der heutigen Erlebnispädagogik angesehen. Anlehnend an ihre Arbeit wird *Erleben* heute in der Erlebnispädagogik als subjektives Innewerden von Vorgängen verstanden, die als bedeutsam empfunden werden. Viele Erlebnisse summieren sich zu *Erfahrungen*. Unter Erfahrung versteht man das durch eigenes Erleben und eigene Anschauung erworbene Wissen. Aus Erfahrungen können schließlich *Erkenntnisse* wachsen, aus denen möglicherweise *Einsichten* resultieren. Dabei stellen Einsichten die höchste Stufe menschlicher Weisheit dar (vgl. ZIEGENSPECK, 1999, 2).

Die Basis aller Erkenntnisse und Einsichten sind also Erlebnisse. Da Erlebnisse, wie Waltraut Neubert feststellte, aber Geschenkcharakter haben, können sie nicht erzwungen, sondern nur angebahnt werden. Aktivitäten unterschiedlicher Art spielen bei dieser Anbahnung eine entscheidende Rolle. Es geht in der Erlebnispädagogik einerseits darum, „Orte“ zu finden (bzw. gegebenenfalls mittels Aktivitäten zu gestalten), in denen Erlebnisse möglich werden, und andererseits darum, Reflexion von Erlebtem zu fördern, damit der Einzelne nicht bei Erlebnissen stehen bleibt, sondern zu Einsichten gelangen kann. Das Erlebnis hat also in der Erlebnispädagogik eine mediale Funktion (vgl. ZIEGENSPECK, J., 1997, 11). Es ist nicht zum Selbstzweck da:

> *„Erlebnispädagogik wird im Zusammenhang mit einem ganzheitlichen Menschenbild gesehen, das die Gefahr der Trennungen verschiedener Ebenen des Persönlichkeitsspektrums kritisch reflektiert [...]. 'So will die Erlebnispädagogik den Menschen bilden zu dem, was er ist, in einem Leben auf allen großen menschlichen Erlebnisfeldern. Darin liegt, daß ihr Bildungsideal, obgleich es des sozialen Einschlags nicht*

*entbehrt, doch im wesentlichen humanistisch ist und auf die vollkommene menschliche Erfahrung des einzelnen abzielt'[...]." (FISCHER, T., 72)*

Ihren ersten Höhepunkt hatte die Erlebnispädagogik in Deutschland um 1930. Für das neue Unterrichtsverständnis der Reformpädagogik stellte sie einen wichtigen Pfeiler dar. Kurt Hahn prägte die Erlebnispädagogik neben Waltraut Neubert entscheidend mit. Da er das Konzept der Erlebnistherapie entwickelte, wird er vielfach als Urvater der Erlebnispädagogik angesehen: Im Gemeinschaftsleben, in das die Schüler aktiv eingebunden waren, sollte ihr moralisches und soziales Denken und Handeln geformt werden. Die Charaktererziehung nahm dabei unter dem Ziel der ganzheitlichen Persönlichkeitsentfaltung mit der Ausbildung 'gesunder' Tugenden wie Gerechtigkeitssinn oder Sorgfalt eine entscheidende Rolle im Schulleben ein (vgl. PETERSEN, D., 16). Als Anlagen und Neigungen von Kindern betrachtete Kurt Hahn: körperlichen Betätigungsdrang und Spieltrieb, Forschungsdrang, Spontaneität und Wißbegierde, Abenteuerlust und menschliche Anteilnahme. Da diese im Jugendalter nach Ansicht von Kurt Hahn durch negative physische und psychische Erscheinungen wie z.B. Interessenlosigkeit verdeckt werden, entwickelte er zur sittlichen, körperlichen und moralischen Genesung die Erlebnistherapie (vgl. FISCHER, T., 125). Eine seiner Leitlinien war dabei „Erziehung zur Verantwortung durch Verantwortung". Zu erzieherischen Mitteln der Persönlichkeitsbildung gehörten in dem von ihm gegründeten Internat in Salem: Körperliches Training, Projekte, Expeditionen und der Rettungsdienst.

Aufgrund des Nationalsozialismus mußte Kurt Hahn flüchten (vgl. PETERSEN, 16). Die Erlebnispädagogik geriet nach ihrem ersten Höhepunkt in den braunen Sog schlimmer pädagogischer Verirrungen und politischer Manipulationen (vgl. ZIEGENSPECK, J., 1999, 3). Sie begann sich erst wieder in den 80er Jahren zu etablieren und steuert gegenwärtig ihrem zweiten Höhepunkt zu, wobei dieser, im Gegensatz zu den Anfängen der Erlebnispädagogik, in erster Linie in außerschulischen Bereichen zum Tragen kommt und der Erlebnispädagogik heute oft sozialtherapeutische Aufgaben zukommen (vgl. ZIEGENSPECK, J., 1999, 2ff.). Als Beispiel für erlebnispädagogische Praxisfelder seien zahlreiche Segelangebote, z.B. auf dem Segelschiff „Thor Heyerdahl", genannt (vgl. ZIEGENSPECK, 1992, 58). Die Betonung von erlebnispädagogischen Programmen liegt derzeit meistens in primär natursportlichen Unternehmungen[1]. Der Naturbezug und ein beabsichtigter Milieuwechsel sollen das erzieherisch Intendierte ergänzen, wobei zu beachten ist, daß bei Outdoorprogrammen ökologische Aspekte zu berücksichtigen sind. Künstlerische, musische, kulturelle und technische Bereiche sollen in der Erlebnispädagogik in Zukunft verstärkt Berücksichtigung finden (vgl. ZIEGENSPECK, J., 1997, 14).

Bei Erlebnispädagogik handelt es sich weder um Überlebenstraining noch um Abenteuerpädagogik. Die jugend- und sozialerzieherische Potenz muß bei allen Vorhaben definiert sein und sichtbar bleiben, also die jeweilige Praxis begründbar und transparent machen (vgl. ZIEGENSPECK, J., 1999, 2ff.). Es handelt sich bei erleb-

1 Diese tragen ein gewisses Rest-Risiko in bezug auf Gefahren in sich, das nach bestem Wissen und Gewissen einzugrenzen ist.

nispädagogischen Maßnahmen also um bewußte Prozesse, die geplant werden und ein konkretes Ziel verfolgen.

Kennzeichnend für erlebnispädagogische Programme ist, wie bereits angedeutet, der ganzheitliche Ansatz: Kopf, Herz und Hand gehören zusammen. Der Weg ist deshalb immer auch das Ziel (vgl. PETERSEN, D., 18). Für die Erlebnispädagogik finden sich bedeutsame Begriffe die den positiv menschlichen Erfahrungszirkel umfassen. Sie lassen sich auf der individuellen Ebene wie folgt zueinander in Beziehung setzen:

Im Bereich der Emotionalität soll Erlebnispädagogik etwas mit Fühlen, Neugier, Freude, Lieben, Selbstwahrnehmung und Identitätsfindung zu tun haben.

Im Bereich der Psychomotorik sollen Handeln, Wahrnehmen, Mut, Kreativität, Leisten, Selbständigkeit und Bewältigung eine Rolle spielen.

Und im Bereich der Kognition sind die Stichworte Interesse, Verantwortung, Lenken, Emanzipation und Integration wichtig (vgl. ZIEGENSPECK, J., 1997, 4).

Als fundamentale Elemente der Erlebnispädagogik gelten außerdem:

*„learning by doing", Selbstbestimmung, Selbsttätigkeit, Freiwilligkeit* und *„Einlassen auf Neues"* (vgl. FISCHER, T., 316 und ZIEGENSPECK, 1997, 2 und 14). Abschließend sei ein Definitionsvorschlag für die erlebnispädagogische Begriffsbildung von Torsten Fischer aufgeführt:

> *„Erziehung im engeren Sinne der Erlebnispädagogik ist auf Ganzheitlichkeit angelegte Vorbereitung, Durchführung und Auswertung erlebnispädagogischer Prozeßgestaltung, mit dem Ziel, Selbst- und Umweltveränderungen im emotionalen, körperlichen und geistigen Entwicklungsprozeß des lernenden Individuums zu bewirken." (FISCHER, T., 242)*

## 1.3. Klärung des Begriffs „erlebnispädagogischer Lernort für Kinder"

Aus den beiden Unterkapiteln läßt sich zusammenfassen: Die Erlebnispädagogik will den Menschen in seiner Gesamtheit fördern. Diese Gesamtheit umfaßt emotionale, soziale, psychomotorische und kognitive Bereiche. Um dieses Ziel zu erreichen, steht die Anbahnung von Erlebnissen und deren Reflexion in der Erlebnispädagogik im Vordergrund, da davon ausgegangen wird, daß letztlich Erlebnisse Ausgangspunkte der Persönlichkeitsbildung und aller Lern- und Erkenntnisprozesse sind. Weil Erlebnisse „Geschenkcharakter" besitzen, können sie nicht erzwungen, sondern nur angebahnt werden. Demzufolge werden „Orte" gesucht (oder gestaltet), in denen Erlebnisse möglich sind. Erlebnisse benötigen, wie in Kap. 1.1. dargestellt, eine gewisse Aktivität der Person. In der Erlebnispädagogik werden nicht zuletzt deshalb Aktivitäten[2] unterschiedlicher Art ermöglicht.

---

2 Mit Aktivitäten sind in der Arbeit immer Aktivitäten gemeint, die Primärerfahrungen ermöglichen.

Da sich in der Literatur keine allgemeingültige Begriffsklärung fand, wird für diese Arbeit festgehalten:

*Ein erlebnispädagogischer Lernort ist ein pädagogisch bestimmter Ort, an dem Erlebnisse und damit verbunden Erfahrungen und Erkenntnisse möglich sind, so daß der ganze Mensch in seinen emotionalen, sozialen, psychomotorischen und kognitiven Bereichen angesprochen wird und sich auf allen Ebenen weiterentwickeln kann.*

*Dem Erlebnispädagogen obliegt u.a. die Aufgabe, den Lernort zu bestimmen und Methoden zu finden, die vielseitige Erlebnisse, anschließende Reflexionen und möglichst viel Selbständigkeit für die Gruppe in dem Lernort ermöglichen.*

*Aktivitäten unterschiedlicher Art - die emotional, sozial, psychomotorisch und kognitiv bedeutsam sind - bahnen in dem Lernort Erlebnisse an. Die Wahl der Aktivitäten muß dabei der Gruppe entsprechen.*

Darüber hinaus kann festgestellt werden:

*Ein „erlebnispädagogischer Lernort" ist dann ein „erlebnispädagogischer Lernort für Kinder", wenn er deren Bedürfnissen entspricht.*

## 1.4. Ergebnis

Um zu zeigen, daß der Wald ein „erlebnispädagogischer Lernort für Kinder" ist, stellt die Arbeit (aufgrund der Klärung des Begriffes in Kap. 1.3.) dar:

a. daß der Wald zahlreiche Aktivitäten ermöglicht (vgl. Kap. 2 und 4);

b. daß der Wald und die in ihm möglichen Aktivitäten den Bedürfnissen von Kindern entsprechen (vgl. Kap. 3);

c. daß die Aktivitäten (dadurch, daß sie den Bedürfnissen von Kindern entsprechen) Erlebnisse anbahnen und damit verbunden Erfahrungen und Erkenntnisse ermöglichen, so daß die Kinder sich in ihrer gesamten Persönlichkeit (emotionalen, sozialen, psychomotorischen und kognitiven Bereichen) weiterentwickeln können (vgl. Kap. 3);

d. mit welchen Methoden Erlebnispädagogik im Wald für Kinder realisiert werden kann (vgl. Kap. 5).

Außerdem ergibt sich die Frage:

e. ob der Wald für heute aufwachsende Kinder einen besonderen Stellenwert bekommen kann (vgl. Kap. 3);

f. welche Angebote für Kinder es im Wald bereits gab bzw. gibt und ob diese erlebnispädagogische Elemente aufweisen (vgl. Kap. 6).

## 2. Der Wald und seine Bedeutung für den Menschen im Wandel der Zeit

Ziel des Kapitels ist es, Aktivitäten, die im Wald möglich sind, herauszuarbeiten.

Dies erfolgt über einen großen *Exkurs*. Verschiedene Aspekte, die den Wald betreffen, werden sachlich dargestellt. Im letzten Unterkapitel werden aus diesen mögliche *Aktivitäten,* die sich ergeben, abgeleitet. Kapitel 3 wird anschließend untersuchen, ob die erarbeiteten Aktivitätsbereiche den Bedürfnissen von Kindern entsprechen.

Der Exkurs hat drei Gründe:

1. Viele im Wald mögliche Aktivitäten sind heute nicht mehr bekannt, so daß sich ein Blick in die Geschichte der engen Verbundenheit von Wald und Mensch lohnt.
2. Mystische Erlebnisse, die der Wald ermöglicht, sind nur schwer nachzuweisen. Der Blick in die Geschichte zeigt, daß Bäume bzw. Wälder für Menschen in den verschiedenen Zeitepochen auch eine emotionale Bedeutung hatten. Daraus läßt sich die These ableiten, daß der Wald für heute aufwachsende Kinder ebenfalls eine besondere Bedeutung bekommen kann.
3. In dem Kapitel wird durch die umfangreiche Darstellung deutlich, welche Erkenntnis- bzw. Wissenspotentiale in der Thematik Wald liegen. Der Leser bekommt die Möglichkeit, sich Hintergrundwissen anzueignen, das für die praktische Arbeit mit Kindern im Wald hilfreich ist. Rolf Düring weist darauf hin, daß in der Kinder- und Erwachsenenbildung im Wald dessen gesamte Vielfalt in Betracht gezogen werden sollte. Dazu zählen: botanische, zoologische, ökologische, klimatologische, geographische, naturschützerische, ökonomische, historische, literarische und anthropozentische Aspekte. Das Kapitel veranschaulicht die genannte Vielfalt (vgl. DÜRING, R., 97). Dem historischen Aspekt wird besondere Aufmerksamkeit geschenkt, da der Preis für den Erwerb technischen Wissens und maschineller Verarbeitung heute vielfach im Verlust des (in diesem Kapitel beschriebenen) naturbezogenen Wissens und in der kaum mehr möglichen Nachvollziehbarkeit durch Naturerfahrung zustande gekommener emotionaler Erlebnisinhalte früherer Generationen besteht (vgl. SEELAND, K. / BRUNNER, B.,1f.). Beim „Waldwissen" handelt es sich um ein Kulturgut, welches heute beinahe völlig in Vergessenheit geraten ist, denn der Wald dient dem einzelnen Menschen in erster Linie nur noch zur Erholung.

## 2.1. Allgemeines über den Wald

### 2.1.1. Grundsätzliches

#### Über den Begriff Wald

> *„Der Wald ist eine Vegetationsform, in der die Bäume entscheidend das Erscheinungsbild, die vorhandenen Pflanzengesellschaften und das Kleinklima bestimmen."* (KLENK, G., 8)

Aufgrund ihrer Größe und Langlebigkeit beeinflussen Bäume in ganz besonderem Maße das Leben in diesem Ökosystem u.a. durch Absorbierung der (Sonnen-)Strahlung, Wasserverdunstung und Windschutz. Sie entziehen dem Boden anorganische Substanzen wie Mineralsalze und liefern ihm organische Abfallstoffe. Bäume wirken also insbesondere auf das Kleinklima und den Bodenhaushalt ein. Sie sind ein wichtiges Element im Stoffkreislauf des Systems (vgl. KLENK, G., 8).

#### Waldtypen

Die Wälder unserer Erde unterscheiden sich - auch wenn die Übergänge fließend sind - in den verschiedenen Regionen stark voneinander. Abhängig von Klima, Bodenbeschaffenheit und Waldgeschichte entstanden äußerst vielfältige Waldtypen. Die Waldgebiete der Erde lassen sich aufgrund von Klimaunterschieden in bestimmte Zonen einteilen: Die Bandbreite reicht dabei von den immergrünen und wechselgrünen Wäldern der Tropen und Subtropen, über die Regenwälder und Hartlaubwälder der warmgemäßigten Zone, die Laubwälder und Laub-Nadelmischwälder in unseren Breiten, bis hin zu den Nadelwäldern des nördlichen Waldgürtels (Sibirien, Skandinavien, Kanada).

In unseren Breiten wachsen außer Nadelwäldern und Mischbeständen auch ausgedehnte reine Laubwälder mit den Hauptbaumarten Buche, Eiche, Esche und Ahorn. Die Konkurrenzkraft der Nadelbäume gegenüber den Laubbäumen nimmt zu, wenn die Vegetationszeiten im Wald kürzer sind. Mit steigender Höhenlage wachsen deshalb in den Laubwäldern unserer Klimazone verstärkt Nadelbäume (vgl. FORSTABSATZFONDS, 4).

#### Natürlicher Wald

Der Wald im *ursprünglichen Zustand* ist eine einzigartige Gemeinschaft von Bäumen mit anderen Lebewesen und bildet einen der höchstentwickelten und artenreichsten Lebensräume der Erde: Pflanzen, Tiere und Mikroorganismen leben in den vielfältigsten Beziehungen zueinander, so daß der Wald wie ein einziger großer Organismus erscheint. Wie ein Organismus entwickelt sich auch jeder ungestörte Wald: Vom Jugendstadium bis zu seiner ausgeprägtesten und voll entwickelten Form im sogenannten Klimaxstadium (vgl. GREENPEACE., 6).

**Wald in Deutschland**

Von Natur aus wäre Deutschland beinahe vollständig mit Wald bedeckt. Die heutige Verteilung von Wald, landwirtschaftlichen Nutzflächen, Verkehrs- und Siedlungsflächen ist das Ergebnis menschlichen Handelns über Jahrhunderte hinweg. Der verbliebene Wald ist kein unberührter Urwald mehr: Er ist ein von Menschen geprägter Wirtschaftswald (vgl. BUNDESMINISTERIUM, 11). Monokulturen waren in der Vergangenheit üblich. Zu dieser Einstellung ist heute ein grundlegender Wandel eingetreten, da die anfänglich erzielten Hocherträge nicht von Dauer waren und die Anlage von Monokulturen und 'Holzäckern' oft zum völligen Zusammenbruch des Waldes führte[3]. Es hat sich allgemein die Erkenntnis durchgesetzt, daß der Wald ein kompliziertes Beziehungsgefüge zwischen Bäumen, der übrigen Pflanzen- und Tierwelt sowie den standörtlichen Produktionsfaktoren Klima und Boden darstellt, und daß die Erhaltung dieses Beziehungsgefüges das Hauptziel der waldbaulichen Tätigkeit ist (vgl. HOFMEISTER, H., 13). Daraus ergibt sich eine möglichst naturnahe Waldwirtschaft, bei der ein Nebeneinander vieler Baumarten verschiedener Altersstufen ermöglicht wird (vgl. BUNDESMINISTERIUM, 11).

## 2.1.2. Der Wald als Lebensraum

**Aufbau des Waldes**

Der Wald weist in unseren Breiten häufig einen Stockwerkbau auf. Man unterscheidet grob Boden-, Kraut-, Strauch- und Kronenschicht. Die *Bodenschicht* enthält Nährstoffe für Pflanzen und nimmt gleichzeitig Pflanzenabfälle auf, die von Reduzenten wieder in anorganische Stoffe umgewandelt werden (vgl. KLENK, G., 8). Pilze und ein Heer von Milben, Springschwänzen, Fadenwürmern, Regenwürmern und Insektenlarven sorgen in der Boden- und Streuschicht für die vollständige Rückführung der Rohstoffe in den Kreislauf des Waldes (vgl. LOHMANN, M., 51). In der *Krautschicht* sind zahlreiche Tiere wie Käfer, Schnecken, Kröten, Echsen, Mäuse, Spinnen und viele andere zu Hause. Die *Strauchschicht* bietet neben Insekten in erster Linie Lebensraum für viele Vögel und Wildarten. Die *Kronenschicht* ist ebenfalls ein wichtiger Lebensraum für Insekten und Vögel (vgl. KLENK, G., 8).

**Über Pflanzen und Pilze**

Von den verschiedenen *Baumarten* und *Sträuchern* schließen sich bestimmte Gruppen zu einer Waldgesellschaft zusammen. Dieser Zusammenschluß ist abhängig von Klima, Lage und Boden. Bäume und Sträucher lassen sich unterscheiden nach Blattformen, Blüten, Früchten, Beschaffenheit der Rinde, Wuchsformen, Standort, Keimlingen u.ä. (vgl. KLENK, G., 10).

Zu wichtigen *krautigen Pflanzen* zählen Sauerklee, Maiglöckchen, Taubnessel, Schlüsselblume, Springkraut und andere.

3 Waldkatastrophen werden oft durch Schädlinge, Windwurf und Brand ausgelöst. Die Ursachen liegen häufig in einer einseitig auf Ertrag ausgerichteten Waldbauwirtschaft (vgl. HOFMEISTER, H., 13).

Auch *Farne* sind typische Pflanzen in unseren Wäldern. Zu den wichtigen Vertretern gehören Wurmfarne, Adlerfarne und Tüpfelfarne. Es sind Schattenpflanzen.

Wichtige Wasserspeicher in den Waldgesellschaften sind **Moose** (vgl. KLENK, G., 10). Wegen des ausgeglichenen, feuchten Kleinklimas wachsen außerdem viele *Pilze* in Wäldern. Ihre Vermehrung findet durch Sporen statt. Pilze beziehen ihre Nahrung wegen des fehlenden Blattgrüns aus Pflanzen- und Tierabfällen.

**Über Tiere**

Wälder bieten, wie bereits angedeutet, vielen *Tieren* Lebensraum. Die Palette ist sehr weit gestreut und von Wald zu Wald unterschiedlich (vgl. KLENK, G., 10). Früher lebten noch größere *Säugetiere* wie Wisent, Ur, Auerochs und Elch in unseren Wäldern. Heute sind sie, wie ihre natürlichen Feinde Wolf und Luchs, ausgerottet. Auch Bären und Wildkatzen gehören der Vergangenheit an. Zu größeren Tieren des Waldes zählen heute Hirsch, Reh und Wildschwein. Dachs, Fuchs, Iltis, Hermelin und Baummarder sind größere Raubtiere im Wald. Die Fledermaus ist ebenfalls ein Jäger. Im Wald sind Waldmäuse und Eichhörnchen anzutreffen. Außerdem existieren *Reptilien* wie die Waldeidechse sowie *Amphibien* wie Unke, Erdkröte, Molch und Salamander. Es gibt eine große Artenvielfalt von *Vögeln* im Wald: Zu denjenigen, die an den Wald gebunden sind, gehören: Waldlaubsänger, Fitis, Goldhähnchen, Misteldrossel, Hauben- und Tannenmeise, Fichtenkreuzschnabel, Gimpel, Schwarzspecht, Eichel- und Tannenhäher, einige Greifvögel, Auerhuhn und Haselhuhn.

Den eigentlichen Tierreichtum im Wald nimmt der Spaziergänger nur zu einem Bruchteil wahr: Die Vielfalt der *Insekten* ist unbeschreiblich: Allein an der Eiche leben mindestens 1000 Insektenarten. Die Palette reicht von unterschiedlichen Larven bis zu Käfern, Nachtschmetterlingen, Gallwespen und Pflanzenläusen.

Zu den Insektenarten, die den Wald stark schädigen können, gehören Nonne und Kiefernspinne (zwei Vertreter einer Schmetterlingsfamilie) sowie der Buchdrucker, der zu den Borkenkäfern zählt (vgl. LOHMANN, M., 46-49).

**Über das ökologische Gleichgewicht**

Zwischen den einzelnen Organismen im Wald bestehen vielfältige Wechselbeziehungen. Diese sind so eingerichtet, daß sich die Populationsdichte der betreffenden Arten reguliert und auf diese Weise das ökologische Gleichgewicht erhalten wird. Die Tiere sind durch ein kompliziertes Nahrungsnetz in Jäger-Beute-Beziehungen eng miteinander verbunden und füllen ökologische Nischen aus. Vereinfacht läßt sich sagen: Je artenreicher der Wald ist, desto leichter kann das biologische Gleichgewicht erhalten bleiben. Eingriffe des Menschen, beispielsweise durch Monokulturen, können deshalb katastrophale Folgen haben.

**Über den Stoffkreislauf im Wald**

Im Ökosystem Wald vollziehen sich eine Anzahl von Prozessen, die darauf abgestimmt sind, das System in sich zu erhalten: Was der eine nicht braucht, benötigt der andere zum Leben. Bäume produzieren mit anderen Mitgliedern des Ökosystems Bestandsabfälle (Laub, Nadeln,...). Diese sind die Grundlage zur Humusbildung, die von Kleinlebewesen und Pilzen ermöglicht wird. Den Humus benötigen die Pflanzen, um zu wachsen. Die Pflanzen liefern als Produzenten neben Sauerstoff organische Stoffe, die die Tiere als Konsumenten verbrauchen. Tiere liefern ebenfalls organische Abfallstoffe, die von den Reduzenten, wie Bakterien, Würmern, Käfern und Pilzen, zu anorganischen Stoffen umgesetzt werden und den Pflanzen wieder zugeführt werden (vgl. KLENK G., 10f.).

## 2.2. Die Verbundenheit von Wald und Mensch in der Geschichte

Im folgenden Unterkapitel wird den Erfahrungen der Menschen aus früheren Zeiten mit dem Wald nachgegangen.

### 2.2.1. Die Bedeutung des Menschen in der Waldgeschichte

#### Allgemeines

Manche Wissenschaftler nehmen an, daß die Vorfahren des Menschen im Wald lebten. Die Anatomie unserer Hand erinnere daran. Denn der Daumen ist „gegenständig", d.h. er kann Äste umgreifen, während die Finger von der anderen Seite kommen. Der Wald war in der Umwelt des Menschen in jedem Fall ein prägendes Milieu (vgl. LUKSCHANDERL, L., 26). Schon seit der Steinzeit hat der Mensch in Waldgefüge eingegriffen und Waldlandschaft umgewandelt (vgl. HOFMEISTER, H., 13). Leopold Lukschanderl vertritt die These, daß seit dem Ende der letzten Eiszeit vor 12000 Jahren stets der Waldrand die Zone des zivilisatorischen Fortschritts war (vgl. LUKSCHANDERL, L., 26).

#### Die Geschichte des Waldes in Deutschland

Die Wälder Europas haben sich im Laufe der Geschichte stark verändert. In Deutschland waren zur Römerzeit große Teile Deutschlands vollständig mit Wald bedeckt. Julius Cäsar schrieb 50 Jahre vor Beginn unserer Zeitrechnung:

> *„Niemand ist in diesem Teil Germaniens, der sagen könnte, bis ans Ende jenes Waldes gekommen zu sein, selbst wenn er sechzig Tagesreisen weit vorgedrungen ist, oder vernommen hätte, wo jenes Ende sich befinde." (Julius Cäsar, zit. bei: LUKSCHANDERL, L., 21)*

Der Wald galt später nach römischem Vorbild in Deutschland als „locus neminis", also Niemandsland. Der Zustand der schrankenlosen Nutzung dauerte allerdings nicht lange an, denn mit zunehmender Bevölkerungsdichte im Frühmittelalter wurde die Waldnutzung durch Fremde immer stärker eingeschränkt. Der freie Wald war zum 'Gemeinen' Wald geworden. Große bis dahin noch unberührte Waldgebiete wurden außerdem seit der Merowingerzeit von den Herrschern in Beschlag genommen. Alles Niemandsland gehörte nun dem König. Manche dieser Bannwälder, wie z.B. der

Reinhardswald, Teutoburger Wald oder Spessart, sind bis heute in Resten erhalten geblieben. Neben dem Königsforst existierte im frühen Mittelalter also nur der Gemeine Wald. Privatwald gab es keinen. Gelang es dem Bauern nicht, die natürliche Wiederbewaldung zu unterdrücken, verfiel sein Anteil am Markteigentum. Als Grundsatz galt: 'Reicht der Busch dem Reiter an die Sporen, dann hat der Bauer das Recht verloren'. Erst später, mit dem verstärkten Aufkommen von Grundbesitz, wurde es notwendig, Grenzen zu markieren. Grenzbäume, denen man entsprechende Achtung entgegenbrachte, erfüllten diesen Zweck. Sie standen unter dem Königsbann und durften nicht beschnitten oder gefällt werden. Außerdem dienten sie als Galgenplätze.

Nach den Rodungen durch die Römer fällt die erste größere Rodungszeit ins 11.-13. Jahrhundert. Ortsnamen, die auf -rode oder -reut enden, erinnern an jene Zeit. Hauptursache für die Urbarmachung ganzer Landstriche war der drastische Bevölkerungsanstieg aufgrund wirtschaftlicher Stabilisierung.

Ursprünglich besaß jeder Bauer im Gemeinen Wald das Recht auf Holzeinschlag zu Brenn- und Bauzwecken, Viehweide sowie Eichelmast, Laubfutternutzung und Feldbau. Dies änderte sich im späten Mittelalter, als die inzwischen entstandenen Landesforste die Gemeinen Wälder immer mehr zurückdrängten und der Adel den Großteil der Bauernwälder an sich riß (vgl. LAUDERT, D., 10ff.). Nun verfügten die Grundherren über die Wälder. Die Nutzung war streng geregelt. Die Bauern mußten für den Holzeinschlag und die Vieheintreibung Abgaben zahlen und um Erlaubnis beim Landvogt bitten, der wiederum Anweisungen vom grundherrschaftlichen Förster erhielt. Später, als die Jagd wichtiger und Holz knapper wurde, trat der Jagdmarschall an die Stelle des Försters und die Rechte der Bauern wurden weiter beschnitten (vgl. LUKSCHANDERL, L., 26ff.). Die ständige Zunahme der Abgaben gipfelte im 16. Jahrhundert schließlich in den Bauernkriegen. Eine der Forderungen lautete: 'Gehölze, mögen geistliche oder weltliche sie inne haben, die sie nicht gekauft haben, die sollen der ganzen Gemeinde wieder anheimfallen' (vgl. LAUDERT, D., 12).

Mitte des 17. Jahrhunderts wirkte sich die neue Wirtschaftsphilosophie des Merkantilismus besonders schädlich auf die Wälder aus: Schon im 16. Jahrhundert begann der Kampf der westlichen Seemächte um die Weltherrschaft. Damit verbunden war das erbarmungslose Abholzen insbesondere der Eichenwälder, denn die Eiche war auch im Salzwasser der Weltmeere ein dauerhaftes Material für den Schiffsbau. Man hat errechnet, daß in Europa allein aus Gründen des Seehandels und seiner bewaffneten Beschützung in einem Jahrhundert eine Fläche, viermal so groß wie die heutige Bewaldung der Bundesrepublik Deutschland, abgeholzt wurde (vgl. LUKSCHANDERL, L., 36f.).

Auch die anwachsenden Städte mußten, genau wie Bergwerke, Siede- und Glashütten, mit Holz bzw. Holzkohle versorgt werden. So kam es schon in früheren Zeiten zur Ausbeutung der Wälder. Aber nicht nur der Holzeinschlag sondern z.B. auch das Abtragen der am Boden liegenden Laubstreu für Fütterungszwecke führte zur Verarmung des Bodens, so daß sich die Zuwachsrate stark verringerte und anspruchsvolle Holzarten zurückgingen. Die Pech- und Harzgewinnung schwächte zusätzlich viele Bäume (vgl. LUKSCHANDERL, L., 30ff.). Nachdem der Wald über Jahrhunderte hinweg nur Ausbeutung und, mit wenigen Ausnahmen, keine Pflege erfahren hatte, zeichnete sich im 17. und 18. Jahrhundert das „Gespenst der Holznot" immer deutlicher ab. Zahlreiche Forstgesetze versuchten nun, dem Problem habhaft zu werden (vgl. LAUDERT, D., 28). Ziegen und Schafe beispielsweise, die besonders jungen Bäumen starken Schaden zufügten, wurden aus dem Wald verbannt (vgl. LUKSCHANDERL, L., 28f.). Gegen Ende des 18. Jahrhunderts wurde schließlich der Weg für eine beginnende nachhaltige Forstwirtschaft geebnet (vgl. LAUDERT, D., 31).

### 2.2.2. Die Bedeutung des Waldes in früherer Zeit

Der Wald spielte für den Menschen schon immer eine wichtige Rolle. Ursprünglich versorgte er ihn in erster Linie mit Nahrung, Brennholz sowie mit Werk- und Baustoffen. Gleichzeitig lieferte er Futter für Haustiere. Aber auch Arznei- und Färbepflanzen wurden im Wald gesammelt (vgl. BUNDESMINISTERIUM, 5).

Die Bedeutung von Holz soll an dieser Stelle besonders hervorgehoben werden: Holz griff in alle Gebiete des Kulturdaseins ein und war für alle Zweige des Wirtschaftslebens die Vorbedingung ihrer Blüte. Solange zumindest, bis sich in Europa mit Steinkohle und Eisen das industrielle Zeitalter anbahnte. In diesem Sinne wird die europäische Kulturgeschichte bis ins 19. Jahrhundert gelegentlich als „hölzernes" Zeitalter bezeichnet[4].

In diesem Unterkapitel wird über die Nutzung von Waldprodukten ausführlicher berichtet. Die eigentliche Idee, die hinter der umfangreichen Beschreibung steckt, ist die Annahme, daß ein Teil des Waldwissens aus früherer Zeit für heutige Pädagogik im Wald nutzbar ist.

#### Sammeln und Jagen von Nahrung im Wald

Besonders in Notzeiten waren früher *eßbare pflanzliche Produkte* des Waldes wie Beeren, Nüsse und Pilze sehr wertvoll:

- Die Edelkastanie beispielsweise war in südlichen Ländern bis zum 17. Jahrhundert ein regelrechtes Volksnahrungsmittel (vgl. LAUDERT, D., 87).
- Eicheln waren, bevor sie zum üblichen Schweinefutter wurden, ebenfalls Nahrungsmittel für den Menschen[5](vgl. LAUDERT, D., 107).
- Bucheckern wurden vor dem Verzehr wegen Blausäure-Glykosiden abgekocht. Völlig ungefährlich dagegen war Buchenöl (vgl. LAUDERT, D., 77).
- In Hungerwintern wurde die vitaminreiche innere Rinde von Birke, Pappel, Ulme und Linde als Notnahrung verwendet.

---

4 Die Bedeutung von Holz kann auch am Beispiel Chinas verdeutlicht werden: Holz galt dort als „Urstoff", welcher der Luft, der Erde, dem Feuer und dem Wasser als 5. Element gleichgestellt war (vgl. LAUDERT, D., 21f.).

5 Die Frucht ist, wenn sie durch tagelange Wässerung oder Keimung entbittert wird, an und für sich sehr nahrhaft. Sie enthält Stärke, Zucker, Öl und Eiweiß. In Kriegszeiten stellte man als Kaffee-Ersatz auch Eichelkaffee durch Mälzen her.

- Aus fruchttragenden Büschen (z.B. Holunder) und Bäumen gewann man Sirup oder kochte die Früchte ein.
- Holunderblüten waren Ausgangsmaterial für den „Armeleutesekt“ und zum Brennen von Branntwein nutzte man Enzian, Kranebit, Wacholder und Moosbeeren.
- Den Ahorn bohrte man im Frühjahr zur Zeit des Saftstiegs an, um das leicht süßlich Baumwasser aufzufangen und zu Sirup zu verarbeiten (vgl. LAUDERT, D., 128).

Neben den pflanzlichen Nahrungsmitteln waren die Wälder mit ihrer Wildvielfalt den Menschen viele Jahrhunderte als „lebende Fleischkammern“ besonders wichtig. Erst mit der Festigung des Feudalismus mit seinen Einschränkungen verlor die *Jagd* auf wilde Tiere als Nahrungserwerb weitgehend ihre Bedeutung (vgl. LUKSCHANDERL, L., 34).

In großen Waldgebieten betrieb man auch *Wildbienenzucht* („Zeidlerei“ genannt), bei der Honig und Wachs gewonnen wurde. Honig war bis Ende des 17. Jahrhunderts der einzig erschwingliche Süßstoff, da der aus Zypern importierte Rohrzucker viel zu teuer war. Auch Bienenwachs war jahrhundertelang durch kein anderes Produkt zu ersetzen. Bis zur Erfindung von Stearin im Jahr 1824 war es unentbehrlicher Grundstoff für Kerzen, Siegel und Schreibtafeln. Die Entwicklung der Imkerei aus der Zeidlerei vollzog sich, als man merkte, daß die Bienenvölker vom lebenden Baum unabhängig geworden waren. Von da an löste die Imkerei als lukrativeres Geschäft die Zeidlerei ab (vgl. LAUDERT, D., 17).

#### Arzneipflanzen

Im Wald gab es für fast jede Krankheit eine Hilfe versprechende Pflanze. Alleine Produkte der Fichte beispielsweise versprachen Hilfe bei Gicht, Rheuma, Hexenschuß, Skorbut, Nervenschwäche, Husten, Grippe und Hautkrankheiten (vgl. LAUDERT, D., 127).

#### Färbemittel

Viele Pflanzen des Waldes dienten als Färbemittel:

- Die Rinde der Eberesche färbte Wolle rot oder braun (vgl. LAUDERT, D., 84).
- Die Erle zählte zu den traditionellen Färbebäumen. Aus den Zweigen stellte man einen braunen, aus den Blättern einen grünen Farbstoff her. Im Zusammenspiel mit Eisen wurde Leder schwarz gefärbt. Aus den Erlenzapfen wurde auch eine dauerhafte schwarze Tinte hergestellt (vgl. LAUDERT, D., 116).
- Holunderbeeren gaben Leder eine blau-violette Farbe (vgl. LAUDERT, D., 147).

#### Holz als Werk- und Baumaterial

Der Mensch konnte früher ohne Holz nicht überleben. Holz war wichtiges Baumaterial für Häuser, Scheunen, Brunnen, Wagen, Schlitten, Schiffe und Zäune. Außerdem bestanden fast alle Gegenstände des täglichen Lebens, wie z.B. Möbel, Geschirr, Feldgeräte, Werkzeuge und Musikinstrumente, aus Holz (vgl. LUKSCHANDERL, L.,

20). Die unterschiedlichen Holzarten wurden je nach Eigenschaften, wie z.B. Biegefestigkeit und Härte, für verschiedene Zwecke verwendet. So wurde Weidenholz beispielsweise aufgrund seiner Biegsamkeit zur Befestigung von Ufern und zum Körbeflechten verwendet. Baumrinde diente der Überdachung von Hütten. Da sich die Biege- und Windefestigkeit von feuchtem Holz durch Erhitzen erhöhen läßt, stellte man aus Holz auch Seile her - „Wiederei" genannt (vgl. LAUDERT, D., 24).

**Holz als Brennmaterial**

Feuerholz war zum Heizen von Häusern und zum Kochen unentbehrlich. Zum Feuermachen diente meistens der aus dem Buchenschwamm hergestellte Zunder. Besonders wichtig war Holz bzw. Holzkohle für die Salz-, Eisen- und Glasgewinnung. Bevor Petroleum aufkam, diente Holz außerdem zur Beleuchtung. Anstelle des Kienspans wurde in nadelholzlosen Gebieten Buchenspan verwendet. Fackeln stellte man aus Rinde oder dürren Ästen her (vgl. LUKSCHANDERL, L., 24).

**Pech- und Harzgewinnung**

Baumharz war seit Urzeiten begehrtes Handelsobjekt. Je nach Qualität wurde das Harz zu pharmazeutischen Produkten, Firnissen, Pech, Lacken oder Wagenschmiere weiterverarbeitet (vgl. LAUDERT, D., 150). Beim Pechsieden wurde stark verharztes Holz in einem Destillationsofen gestapelt. Nach einigen Stunden des Schwelens trat als erstes Produkt Teergalle, danach Kienöl und schließlich Holzteer (Pech) aus. Neben Zwecken der Abdichtung verwendete man Pech auch zum Bacheln[6] (vgl. LAUDERT, D., 151).

**Viehhaltung**

Bevor die Stallhaltung populär wurde, nutzten die Menschen die Wälder als Weidegrund für ihr Vieh (vgl. LUKSCHANDERL, L., 24). Dieser sogenannte Plumbesuch schadete - mit Ausnahme der Eichelmast bei Schweinen - aufgrund der Verbißschäden und der Verdichtung des Bodens dem Ökosystem Wald. Die Waldweide ging - mit Ausnahme einiger Alpengebiete - erst mit der verstärkten Stallviehhaltung im 19. Jahrhundert zu Ende (vgl. LAUDERT, D., 12f.). Für die Stallhaltung brauchten die Bauern nun viel Stallstreu, welches sie sich zum überwiegenden Teil aus dem Wald besorgten. Neben der Laubstreu war die Aststreu und die Hackstreu geläufig. Laub wurde außerdem als Viehfutter verwendet. In der „Laube" wurde es getrocknet um es im Winter zu verfüttern. Während des ersten Weltkrieges blühte die Laubfütterung für wenige Jahre nochmals auf: Ganze Schulklassen wurden damals in den Wald geschickt, um Laub abzustreifen, welches im Schulhof oder in der Turnhalle getrocknet und schließlich mit Güterwaggons abtransportiert wurde (vgl. LAUDERT, D., 13).

6 Enthaaren frisch geschlachteter Schweine.

**Sonstiges**

- In manchen Gegenden füllte man die Matratzen und in sehr verarmten Haushalten sogar die Bettdecke mit Laub (vgl. LAUDERT, D., 12)[7].
- Die Linde eignete sich neben Ulme, Weide und Birke zur Bastgewinnung[8]. Schon die Kleidung von Pfahlbauern bestand unter anderem aus Bast. Im Mittelalter stellten Seiler aus Bast Seile, Schnüre, Bienenkörbe und Bogensehnen her (vgl. LAUDERT, D., 168f.).
- Pottasche, die man aus Holzasche herstellte, war für Glashütten unentbehrlich. Sie wurde auch bei der Seifenherstellung und zum Bleichen und Färben genutzt (vgl. LAUDERT, D., 27).
- Stark verkientes Holz wurde in Rußhütten zur Rußgewinnung verbrannt. Ruß war Grundlage für Druckerschwärze, Tusche und schwarze Ölfarbe.
- Fichtenrinde und die Rinde junger Eichen wurden ebenso wie Edelkastanienholz als Gerberlohe verwendet.

### 2.2.3. Beispiel Birke

Am Beispiel der Birke soll exemplarisch dargestellt werden, welche Verwendungsmöglichkeiten eine einzige Baumart geboten hat. In dieser Zusammenstellung wird nochmals deutlich, wie vielseitig das „Waldwissen" vergangener Jahrhunderte war.

**Nutzung des Holzes**

- Birkenholz wurde vielseitig verwendet: Es ist hart, leicht und elastisch. Man fertigte daraus Leitern, Felgen, Deichseln, Radzähne, Getriebe in Mühlen, Holzschuhe, Kanus und Möbel.
- Birkenholz ist hervorragendes Brennholz, das wegen dem in der Birkenrinde enthaltenen Teer auch in nassem Zustand brennt. Früher fertigte man Fackeln deshalb häufig aus in Öl getauchter Birkenrinde.
- Die Lappländer flechteten aus den feinen Wurzeln der Zwergbirke Decken.
- In Skandinavien dienten Birkenzweige als Besen und zur Reinigung des Körpers in der Sauna.

**Nutzung der Rinde**

- In Skandinavien deckte man Häuser mit Birkenrinde.
- In Rußland fertigte man aus der lederartigen Rinde Schuhe und Umhänge.

---

7 Eine andere Möglichkeit für ärmliche Haushalte waren Kiefernnadeln. Sie wurden monatelang in lauwarmen Wasser eingeweicht, bis die harte Schale in der gärenden Flüssigkeit aufsprang und ein weiches, watteähnliches Produkt zum Vorschein kam, welches getrocknet zum Stopfen von Bettdecken diente (vgl. LAUDERT, D., 152).

8 Bast ist die sogenannte sekundärgebildete innere Rinde eines Baumes.

- Aus der Birkenrinde wurde Birkenpech hergestellt, der sowohl zum Abdichten von hölzernen Gefäßen und Booten als auch zum Verkitten von Speer und Pfeil genutzt wurde. Pech diente außerdem als Wundheilmittel für Vieh.
- Aus Birkenteer gewann man Juchtenöl, welches Leder konservierte und wasserdicht machte.
- Die innere gelbe Rinde des Baumes (Kambium genannt) enthält außer Vitamin C und Zucker auch Öl. Man bewahrte sie in kleine Stücke zerschnitten, getrocknet und pulverisiert auf und buk in Hungerzeiten eine Art Pfannkuchen daraus.
- Birkenrinde wurde auch als Schreibpapier genutzt.

**Nutzung der Blätter**

- Durch Abkochen der Blätter mit Alaun erhielt man eine grüne Farbe, das Schüttgrün, mit Zusatz von Kreide Schüttgelb, beides früher bekannte Malerfarben.
- Birkenblattee galt als Arzneimittel. Er kann den Wasserhaushalt des menschlichen Körpers beeinflussen, regt Blasen und Nieren an, soll die Ausscheidungstätigkeit der Haut positiv beeinflussen und blutreinigend wirken.

**Nutzung des Birkensaftes**

- Der Birkensaft war ein bewährtes Hausmittel gegen Wassersucht, Rheuma, Gicht, Arthritis, Nieren- und Blasensteine und wurde zum Säubern von Wunden verwendet. Außerdem wurde er als Schuppenmittel, gegen Ausschlag und als Gesichtslotion genutzt.
- Als vergärtes Getränk war er ebenfalls beliebt (vgl. LAUDERT, D., 58ff.).

### 2.2.4. Wald in Mythos, Sagen und Märchen

Die soeben beschriebene enge Verbindung des Menschen mit Wäldern in vergangenen Jahrhunderten wird auch in alten Mythologien, Märchen und Sagen deutlich. So besaßen beispielsweise die antiken Völker noch einen „instinktiven" Bezug zu der 'Göttlichkeit', der man nur in der Natur zu begegnen pflegte: Der römische Philosoph Seneca schrieb seinem Freund Lucilius:

> *„Wenn Du einem Hain nahst, der mit alten, ungewöhnlich hohen Bäumen bestanden ist [...], ruft das Geheimnis des Ortes, die Bewunderung des in dem weiten Hain so dichten und ununterbrochenen Schattens in Dir den Glauben an eine Gottheit wach." (Seneca zit. bei: LAUDERT, D., 38)*

Manche Völker führen in ihren Mythen selbst die Existenz des Menschen auf Wald und Baum zurück. Vergil beispielsweise, ein bekannter römischer Dichter der Zeitenwende, berichtet in der Aeneis über die dem Jupiter geweihten Eichenwälder, welche seinerzeit die sieben Hügel Roms bedeckten. In ihnen hausten wilde Männer, die aus Baumstümpfen und knorrigen Eichen hervorgegangen waren. Als ihnen verwandt müssen die halbgöttlichen und halbmenschlichen Pane und Satyrn der griechischen Mythologie, bei den Römern die Faune und Silvane (von lat. Silva = der

Wald) gesehen werden. Als „Homme sauvage", also wilder Mann, hat dieses vor urtümlicher Kraft strotzende Geschöpf in Bildern, Sagen und Dichtungen bis heute überlebt. Vor allem die Ritterromane des Mittelalters bedienten sich seiner immer wieder (vgl. LAUDERT, D., 34). Auch nach dem Volksglauben in Deutschland war der Wald bewohnt von wilden Männern und Frauen, die behaart wie Tiere ihr Unwesen trieben (vgl. LUKSCHANDERL, L., 22 ). Die Kirche bekämpfte diesen Aberglauben genau wie den des Baumkultes, aber in der bildenden Kunst wurden wilde Frauen und Männer immer wieder dargestellt.

Während der Baum als heilig galt, erschien der Wald im Gegensatz dazu dem frühen Menschen oft düster und unheimlich:

> *„Er erschien dem Menschen feindlich und unüberwindlich in seiner erstickenden Kraft. Seine Dunkelheit und sein Schweigen wirkten beängstigend. So galt der Wald als Aufenthalt von Waldgöttern, Dämonen und Geistern in den religiösen Vorstellungen nahezu aller Völker. Im Wald vermutete man aber auch gute Geister - Feen und Elfen -. Sie erschienen in Sagen und Märchen als 'Beherrscher' der Tiere." (LUKSCHANDERL, L., 22)*

Den „mittelalterlichen" Wald bevölkerten außerdem Naturgeister wie Kobolde, Zwerge und Trolle (vgl. LAUDERT, D., 34). Allein in der Märchensammlung der Gebrüder Grimm finden sich über 60 Märchen, in denen der Wald eine mehr oder weniger zentrale Rolle spielt. Die darin auftretenden Hauptfiguren gehen meist ratlos, suchend in den Wald hinein und kommen erfüllt und bereichert wieder heraus[9] (vgl. CH- Waldwochen, 15).

## 2.3. Zugeschriebene seelische Bedeutungen von Bäumen

### 2.3.1. Der Baum in Mythen, Tradition und Religion

In vielen Völkern waren Bäume oder Baumfrüchte Symbol der Fruchtbarkeit bzw. des Lebens. Nach der Edda sind sogar die ersten Menschen aus einer Esche (Ask) und einer Ulme (Embla) hervorgegangen. In der Edda wird auch von einem Weltenbaum, der Weltesche Yggdrasil, gesprochen, die Symbol der kosmischen Ordnung war (vgl. LUKSCHANDERL, L., 21f.).

Der Baum spielt in den Weltreligionen ebenfalls eine wichtige Rolle. Er wird oft als Symbol der Welt oder des Lebens gewählt. In der Schöpfungsgeschichte der Bibel beispielsweise heißt es:

„...Gott der Herr ließ aus dem Ackerboden allerlei Bäume wachsen, verlockend anzusehen und mit köstlichen Früchten, in der Mitte des Gartens aber den Baum des Lebens und den Baum der Erkenntnis von Gut und Böse"[10].

9 Theodor Heuss griff diese Thematik später auf:*„Holz ist ein einsilbiges Wort, aber dahinter steckt eine Welt von Wundern und Märchen."* (Theodor Heuss zit. bei: LAUDERT, D., 21)

10 Weil der Mensch nach der Schöpfungsgeschichte vom von Gott verbotenem Baum der Erkenntnis probierte, mußte er das Paradies verlassen. Vielleicht ist darin eine Wahrheit enthalten, die heute im hochtechnisierten Zeitalter voller Erkenntnis mit seiner Umweltzerstörung wieder aktuell ist.

Das Aufeinandertreffen von Naturreligion und christlicher Religion war mit Konflikten verbunden: Noch im 8. Jahrhundert n. Chr. war z.B. in Mitteleuropa der Glaube an die alten Götter und ihre Wohnsitze in Bäumen weit verbreitet. Nach der Überlieferung fällte deshalb beispielsweise Bischof Bonifatius im Jahr 724 in symbolischer Handlung die Donar-Eiche bei Geismar, um die Überlegenheit des Christengottes zu demonstrieren (vgl. LUKSCHANDERL, L., 22). Heute findet sich der Baumkult in Ansätzen im Aufstellen des Maibaumes und des Weihnachtsbaumes wieder[11] (vgl. LAUDERT, D., 43).

Bäume hatten außerdem eine Bedeutung für die Gemeinschaft. Der traditionelle Festplatz war in Dörfern die Linde und an bestimmten Bäumen wurden lange Zeit Gerichtsverhandlungen abgehalten sowie Probleme besprochen. Bereits die Germanen trafen sich zum Thing (germanische Gerichtsverhandlung) bei einem Baum (vgl. LAUDERT, 169f.). Die Germanen verwendeten auch Runen als Schrift. Runen wurden vorwiegend in Holz geritzt. Als „Zauberlettern" verwendete man sie für kultische, heilende und kriegerische Zwecke. Beispielsweise wurden Buchenstäbe (aus Buchenholz geschnitzte Stäbe), die mit Runen versehen waren, geworfen[12]. Man erhoffte sich damit, Vergangenheit, Gegenwart und Zukunft heraufzubeschwören (vgl. LAUDERT, D., 71).

### 2.3.2. Bäume als Symbol / Gleichnis für den Menschen

Das Erleben äußerer Natur ist, nach Ansicht von Naturpädagogen, immer auch ein Erleben und Kennenlernen unserer inneren Natur. Unterschiedliche Natur spricht den Menschen unterschiedlich an (vgl. SCHLEHUFER, A. / KREUZINGER, S., 10). Gleichnisse stützen diese Sichtweise. Der Baum wird besonders oft als Symbol für den Menschen gewählt[13]. In zahlreichen Sprichwörtern und Gedichten wird dies deutlich:

- „Dieses Gewächs [...] gleicht dem Menschen. Es hat seine Haut, das ist die Rinde; es hat seine Figur und seine Zeichen, seine Sinne und seine Empfindlichkeit im Stamme [...]. Sein Tod und sein Sterben sind die Zeit des Jahres"(Paracelsus zit. bei: LAUDERT, D., 35).
- „...Der ist aus gutem Holz geschnitzt."
- „Was als Bäumchen falsch gebogen, wird als Baum nicht grad` gebogen."

Viele Baumgleichnisse findet man auch in der Bibel:

„Wie eine Zeder auf dem Libanon wuchs ich empor, wie ein wilder Ölbaum auf dem Hermongebirge" heißt es in Jesus Sirach 24, Vers 13.

Der Grund für die symbolische Verwendung des Baumes anstelle des Menschen könnte darin liegen, daß der Baum nicht nur aufrecht steht wie der Mensch, sondern

11 Schon lange bevor der erste Weihnachtsbaum aufgestellt wurde, existierten verschiedene Bräuche, bei denen Baumzweige als Symbol für die Urkraft des Lebens dienten. In den Barbarazweigen finden sie sich in einigen Gegenden heute noch.

12 Rune bedeutet ursprünglich Geheimnis (ist noch enthalten in unserem Wort Geraune). Von Buchen-Stäben leitet sich sehr wahrscheinlich auch das Wort Buchstabe ab.

13 Auch die Psychoanalyse macht sich dies zu nutze, wenn sie beispielsweise Baumtests durchführt und aus einer Baumzeichnung Aussagen über die psychische Verfassung des Patienten trifft.

auch gedeiht, reift und stirbt. Die Jahreszeiten, Frühling, Sommer, Herbst und Winter, die den Laubbaum prägen, lassen sich ebenfalls auf das menschliche Dasein beziehen.

Das Bewußtsein über eine Wesensgleichheit von Mensch und Baum ist bereits in antiken Völkern nachzuweisen. So pflegten die Römer den Brauch, bei der Geburt eines Sohnes einen Baum zu pflanzen, wobei dessen Gedeihen gleichzeitig die Zukunft des Kindes voraussagte. Auch der Feigenbaum, unter welchem Romulus und Remus der Sage nach gesäugt wurden, galt als Indikator für das Geschick Roms (vgl. LAUDERT, D., 35f.).

Diese Schicksalszusammengehörigkeit von Baum und Mensch erscheint zwar auf den ersten Blick abwegig. Sie findet sich jedoch heute in der Diskussion um den sauren Regen, Treibhauseffekt und die Abholzung der Regenwälder wieder (vgl. Kap. 2.5.). Die Umweltschutzorganisation Greenpeace äußert sich z.B. wie folgt:

> *„Wald ist mehr als ein Ort mit Bäumen. Er ist Symbol für den Kampf der Menschen um die Erde." (GREENPEACE, 32)*

### 2.3.3. Unterschiedliche Wirkungen von Bäumen

Bäumen wurden und werden oft bestimmte Charakterzüge gegeben: Auch wenn es sich um subjektive Empfindungen handelt, scheint über bestimmte Baumarten eine gewisse Einigkeit zu herrschen.

- Eine Hängebirke z.B. wird häufig mit einem melancholisch-trauernden Charakter in Verbindung gesetzt, während eine junge Birke spielerisch wirkt (vgl. LAUDERT, D., 58).
- Die Fichte kann durch ihren Stamm an Geradlinigkeit und Ordnung erinnern. Die Römer verbanden den Baum mit Totenkult und Trauer.
- Die alte Eiche galt als Symbol für Standhaftigkeit, Tugend, Wahrheit, Persönlichkeit, Kraft und Willensstärke. Vielleicht ist es auch ihr hohes Alter (durchschnittlich 700 - 800 Jahre), das den Menschen beeindruckt (vgl. LAUDERT, D., 104, 108f.).
- Die Kiefer gilt in Japan u.a. als Symbol für Feierlichkeit und Zeitlosigkeit (vgl. LAUDERT, D., 128).
- Buchenwälder vermitteln manchen Menschen einen erhabenen feierlichen Eindruck. Im Volksmund werden sie auch als „Heilige Hallen" umschrieben (vgl. LAUDERT, D., 71).

## 2.4. Der Wald in Musik, Kunst, Literatur und Dichtung

**Wald in der Musik**

Der Wald ist Thema in zahlreichen Liedern, Chorwerken und Opern. Meistens wird er mit Schönheit und/oder mit Furcht in Zusammenhang gebracht. Insbesondere in der Romantik wurde der Wald vielfach vertont oder war Inhalt von Liedertexten. An dieser Stelle werden exemplarisch einige Beispiele aufgeführt:

| | |
|---|---|
| **Der Wald im Kinderlied** | • Ein Männlein steht im Walde, ganz still und stumm,...<br>• Kuckuck, Kuckuck, ruft`s aus dem Wald,...<br>• Ein Vogel wollte Hochzeit halten, in dem grünen Walde,... |
| **Der Wald im Volkslied** | • In dem dunklen Wald von Paganowo,...<br>• Im Walde von Toulouse, da wohnten 40 Räuber,...<br>• Lustig ist das Zigeunerleben,...<br>• Nun ruhen alle Wälder,... |
| **Der Wald im Kunstlied** | • „Wanderers Nachtlied“ von Franz Schubert (Text von J. W. v. Goethe)<br>• „Junges Grün“ von Johannes Brahms |
| **Der Wald in Chorwerken** | • „Oh Täler weit, oh Höhen, oh schöner grüner Wald,...“ für Männerchor von Felix Mendelssohn |
| **Der Wald in der Oper** | • Oper „Macbeth“ von Giuseppe Verdi<br>• „Tannhäuser“ von Richard Wagner<br>• Wolfsschluchtszene und Jägerchor im „Freischütz“ von Carl Maria v. Weber<br>• „Waldweben“ aus der Siegfried-Oper von Wagner |
| **Der Wald in der sinfonischen Dichtung** | • „Ma Vlast, sechs kleine sinfonische Dichtungen“ von Friedrich Smetana, Bsp.: Jagdszene aus der Moldau |
| **Der Wald in Schauspielmusiken** | • Musik zu William Shakespeares „Sommernachtstraum“ von Felix Mendelssohn |

**Wald in der Kunst**

In zahlreichen Gemälden von Landschaftsmalern wird der Wald oder der Waldrand dargestellt. Casper David Friedrichs Bilder: „Winter“ und „Der Chasseur im Walde“ seien hier exemplarisch genannt. Auch aus dem Mittelalter gibt es zahlreich erhaltene Bilder mit Jagdszenen im Wald. Künstler dieses Jahrhunderts haben sich ebenfalls mit dem Wald beschäftigt (Beispiel: Paul Klees Bild: „Tief im Wald“).

**Wald in Literatur und Dichtung**

Zahlreiche Dichter und Schriftsteller haben den Wald thematisiert. Der Wald wird, wie in der Kunst und Musik, mit Schönheit, Bedrohlichkeit oder dem Zauberhaften in Zusammenhang gebracht. Wilhelm Busch, Annette v. Droste-Hülshoff, Joseph von Eichendorff, Theodor Fontane, Friedrich Nietzsche, Johann Wolfgang von Goethe, Gottfried Keller, Hermann Löns, Eduard Mörike, Wilhelm Raabe und Theodor Storm: sie alle haben den Wald beschrieben (vgl. SCHLENDER, T., 1). Als Beispiel sei ein Gedicht aufgeführt:

***„Mittag***
***Am Waldessaume träumt die Föhre,***
***am Himmel weiße Wölkchen nur;***
***es ist so still, daß ich sie höre,***
***die tiefe Stille der Natur.***
***Rings Sonnenschein auf Wies und Wegen,***
***die Wipfel stumm, kein Lüftchen wach,***
***und doch, es klingt, als ström`ein Regen***
***leis tönend auf das Blätterdach.“***

**(Theodor Fontane zit. bei: LAUDERT, D., 147).**

Als literarisches Werk ist das Buch: „Walden - Ein Leben mit der Natur“ von Henry Thoreau besonders hervorzuheben. Es schildert eindrucksvoll das Leben im Wald unter einfachsten Bedingungen.

Das aktuellste Kinderbuch, welches den Wald mit seinen Möglichkeiten für Kinder in seiner Schönheit, Zauberhaftigkeit und Gefahr thematisiert, ist wohl „Ronja Räubertochter“ von Astrid Lindgren.

## 2.5. Wald heute und in Zukunft

Nach dem Blick in die Vergangenheit wird in diesem Unterkapitel der Blick auf die Gegenwart gerichtet.

### 2.5.1. Der Wald als Ort der Erholung

Der Wald gilt heute als die Erholungslandschaft schlechthin. Dies war nicht immer so. Der Wald war, wie beschrieben, früher eher Symbol einer finsteren, bedrohlichen Natur, in der man sich verlaufen konnte, wilde Tiere oder Räuber lauerten (vgl. Lohmann, M., 67). In fast allen Märchen und Sagen spielt der Wald die Rolle des Kulturgegners. Die neue Wertschätzung des Waldes hängt sicherlich mit seiner Zähmung durch die Forstwirtschaft und mit der Ausrottung der großen Raubtiere wie Bär, Wolf und Luchs zusammen. Wälder sind in der Form des modernen Wirtschaftswaldes nicht mehr das, was sie einst waren und sie sind auch nicht zu vergleichen mit Urlandschaften wie See oder Hochgebirge. *Dennoch sind Wälder in Deutschland die natürlichsten Lebensräume von größerer Ausdehnung und weiter*

*Verbreitung, die leicht zu erreichen sind* (vgl. LOHMANN, M., 68.). Michael Lohmann sieht als Ursache für die Beliebtheit des Waldes folgendes:

> *„Der seit gut 200 Jahren romantisch verklärte 'deutsche Wald' steht heute mehr als alles andere für eine verbreitete, wenn auch nicht bewußte Sehnsucht nach Natur als Gegenstück zu jener menschengemachten Welt der rechten Winkel und der harten, glatten Oberflächen, die uns immer vollständiger umgibt [...]. Im Wald kann sich der Mensch von sich selbst und seinen Werken noch einigermaßen ungestört erholen."* (LOHMANN, M., 68)

Die mögliche Kompensationserfahrung wird auch von anderen Autoren hervorgehoben:

> *„Die meisten Menschen arbeiten heute in geschlossenen Räumen, leiden unter Lärm- und Streßbelastung und werden mit technischen Reizen überflutet. Gleichzeitig haben sie zu wenig Bewegung, frische Luft und Sonnenlicht."* (ELF, 1)

Der Wald kann die genannten Defizite zum Teil ausgleichen. Nicht zuletzt deshalb wird er besonders an Wochenenden von zahlreichen Spaziergängern und Joggern aufgesucht. Auch Familien bietet der Wald Raum, denn er eignet sich für Kinder zum Spielen.

Dem Wald wird heute eine entspannende, heilsame Wirkung zugesprochen, die neben Bewegungsmöglichkeiten mit dem Waldinnenklima und der natürlichen Reizvielfalt in Zusammenhang gebracht wird. Das Waldinnenklima ist von besonderer Art: Das Licht ist gedämpft, die Luftfeuchtigkeit hoch und die Temperaturen ausgeglichen. Man ist vor Lärm und Wind geschützt. Die Waldluft wird durch die große Kronenoberfläche von Stäuben und Aerosolen wie durch einen Filter gereinigt. Der Geruch ist aromatisch, da bei Sonneneinstrahlung von den Pflanzen angenehm duftende Terpene (ätherische Öle) mit stimulierender Wirkung freigesetzt werden. Ärzte sprechen von einem Heilklima. Gute Langzeittherapieerfolge hat man bei Asthma, Neurodermitis und Allergien durch Aufenthalte im Wald erreicht. Man spricht von einem reizarmen Schonklima. Viele Bäder und heilklimatische Kurorte liegen deshalb in Waldlandschaften (vgl. ELF, 1). Im Grunde genommen ist der Wald aber alles andere als reizarm. Allein der ständige Wechsel von Licht und Schatten, die vielen Formen von Stämmen, Ästen, belaubten Zweigen, Kräutern, die Rufe und Gesänge der Waldvögel sind nie abstumpfend monoton wie manche Agrarlandschaft (vgl. Lohmann, M., 67). Der Wald kann ein Erlebnis für die Sinne sein, so daß man zu seinen biologischen Wurzeln zurückfinden kann. Im Wechsel der Jahreszeiten bietet er eine Fülle von Eindrücken. Im Wald kann man, neben Vogelgezwitscher und dem Rauschen der Baumkronen, die Stille erleben. Die Farbe Grün wirkt beruhigend (vgl. ELF, 1).

Der Mensch spricht also subjektiv mit seinem Gemüt auf das Erlebnis Wald positiv an, solange dieser nicht zu dicht, finster und monoton ist[14]. Ob man sich wohl fühlt in einem Wald, ist von entscheidender Bedeutung für den Erholungswert. Dabei spielen soeben beschriebene Faktoren eine Rolle. Sie werden gerne in dem Begriff des

---

14 *„Weißt Du, was ein Wald ist? Ist ein Wald etwa nur 10 000 Klafter Holz? Oder ist er eine grüne Menschenfreude?"* (Bertolt Brecht zit. bei: LAUDERT, D., 31)

„Schönen" zusammengefaßt. Ob ein Wald als schön empfunden wird, hängt stark von Gewohnheiten ab. Dies haben Besucherbefragungen eindeutig ergeben. Eine Person, die in Nadelwaldgebieten aufgewachsen ist, zieht diese als Erwachsener anderen Wäldern meistens vor. Wer Laubwaldgebiete gewöhnt ist, fühlt sich im Nadelwald nicht recht wohl. Die Befragungen haben auch zutage gefördert, daß die Menschen sehr häufig das als schön empfinden, was ökologisch ausgewogen ist. Eine standortgemäße Vegetation mit Altersstufung wird sehr positiv gewertet. Die Schönheit des Waldes wird aber nicht nur visuell wahrgenommen. Die Vielzahl der Vogelstimmen, das Summen der Insekten, der Duft von Harz und Kräutern u.v.m. spielen bei der Bewertung ebenfalls eine Rolle (vgl. LOHMANN, M., 68ff.).

Zahlreiche Dichter, z.B. Erich Kästner, sprechen die positive Wirkung des Waldes an:

***„Die Seele wird vom Pflastertreten krumm.***
***Mit Bäumen kann man wie mit Brüdern reden und tauscht bei ihnen seine Seele um.***
***Die Wälder schweigen, doch sie sind nicht stumm.***
***Und wer auch kommen mag, sie trösten jeden"***
**(Erich Kästner zit. bei: ELF, 1).**

### 2.5.2. Waldfunktionen

Der Wald hat für den Menschen heute viele wichtige Bedeutungen:

- Wald speichert und reinigt Wasser. Er reguliert den Wasserhaushalt, sichert die Trinkwasserversorgung und dämpft Hochwasserspitzen.
- Wald schützt vor Geröll- und Schneelawinen sowie vor Erosion.
- Wald wirkt ausgleichend auf unser Klima und reinigt die Luft.
- Wald bindet Kohlendioxyd in der Biomasse und trägt dadurch zur Verminderung des Treibhauseffektes bei.
- Wald schützt vor Lärm.
- Wald trägt wesentlich zum Biotop- und Artenschutz bei und erhält damit die genetische Vielfalt.
- Wald liefert wertvolle Naturstoffe, insbesondere Holz, welches Energieträger und Basis für die Holz- und Papierwirtschaft ist.
- Wald stellt Arbeitsplätze insbesondere in strukturschwachen ländlichen Gebieten bereit.
- Wald ist wichtiger Erholungsraum (vgl. Kap. 2.5.1.).
- Wald ist, wie in Kap. 2.2. bis 2.4. beschrieben, ein wichtiges Kulturgut des Menschen. Dies spiegelt sich in Sprichwörtern, Sitten und Gebräuchen, Ortsbezeichnungen, Familiennamen, Märchen und Sagen, Dichtung, Literatur, Malerei und Musik wider (vgl. BUNDESMINISTERIUM, 6f.).

### 2.5.3. Neuartige Waldschäden

Seit Mitte der siebziger Jahre und verstärkt seit Anfang der achtziger Jahre lassen sich in unseren Wäldern neuartige Schäden beobachten, die mit dem Begriff „Waldsterben" wohl treffender bezeichnet werden. Innerhalb weniger Jahre wurden beinahe alle Baumarten in unterschiedlichsten Regionen betroffen. Diese Schäden dauern unvermindert an und stellen eine erhebliche Bedrohung für die Waldökosysteme dar. Sichtbare Symptome sind:

- Verlichtung der Baumkronen durch mehr oder weniger starke Nadel- bzw. Blattverluste;
- Vergilbung von Nadeln und Blättern;
- Veränderung der Verzweigungsstruktur.

Von Bedeutung sind auch die nicht unmittelbar sichtbaren Auswirkungen, wie z.B. die Veränderung der Waldböden, Schäden am Feinwurzelsystem und Zuwachsanomalien. Nach heutigem Kenntnisstand geht das Waldsterben auf einen Ursachenkomplex aus abiotischen und biotischen Faktoren zurück. Vom Menschen verursachte Luftverunreinigungen aus Industrieanlagen, Kraftwerken, Verkehr, Kleinverbrauch, Haushalten und Landwirtschaft spielen dabei eine Schlüsselrolle (vgl. BUNDESMINISTERIUM, 16). Das Waldsterben hat bedenkliche Folgen für das gesamte Ökosystem. Greenpeace beschreibt diesen Zustand wie folgt:

> *„Der Dauerstreß durch Stickoxyde, Kohlenwasserstoffe, Ozon, Schwefeldioxyd, Staub, Ruß und Schwermetalle schwächt die Bäume so sehr, daß sie unter Insektenbefall, Trockenheit, Frost und früher kaum bekannten Krankheiten zusammenbrechen [...]. Die Bewohner des Waldes sind dem Waldsterben schutzlos ausgeliefert: Die Zerstörung des Kronendachs nimmt [..] Vögeln wie Sperber, Habicht und Mäusebussard die Möglichkeit, geschützte Horste und Nester zu bauen. Sobald die Stämme abgeholzt werden, verlieren dann Eulen und Spechte ihre Brutmöglichkeit. Die Hälfte aller Pilze gilt bereits als bedroht. Sie sind ebenso akut gefährdet wie Käfer, Wildbienen und Ameisen, Waldfarne, Bärlappe, Moose und Flechten und die Vielfalt des Bodenlebens, das die eigentliche Grundlage eines überlebensfähigen Waldes bildet." (GREENPEACE, 12)*

### 2.5.4. Der Wald in Zukunft / Forderungen

Aber nicht nur das schleichende Waldsterben sondern auch direkte Zerstörung bedroht die Wälder. Die Hauptverursacher sind für Greenpeace die Industrienationen:

> *„Gigantische Kahlschläge vernichten inzwischen Urwälder überall auf der Erde. Verantwortlich für die globale Waldvernichtung sind vor allem die Industrienationen: Japan, USA und die EG mit Deutschland an der Spitze. In diesen Ländern werden die immensen Holz-, Papier- und Zellstoffmengen verbraucht - wird der Wald zum Wegwerfartikel gemacht. Hier werden die Bodenschätze verarbeitet, die Energiemengen erzeugt, die Fleischberge gegessen, um deretwillen die Urwälder verschwinden. Und hier residieren die Konzerne, die mit den letzten Reichtümern der Natur den großen Profit machen" (GREENPEACE, 18). „Die Waldzerstörung hat Programm, denn der Wald ist längst zur Ware geworden: Er wird gekauft und verkauft. Und da sich der*

*Holzpreis an die Weltmarktordnung hält, ist es allemal billiger, eine Holzschlaglizenz für ein Tropenland oder Kanada zu erhalten, als hier bei uns das Sturmholz aufzuarbeiten." (GREENPEACE, 30)*

Die Umweltschutzorganisation Greenpeace fordert u.a.:

- Schutz und Erhalt der natürlich vorkommenden Waldökosysteme und deren Artenvielfalt weltweit.
- Schutz der Ozonschicht und der intakten Atmosphäre zum Erhalt des Lebens auf der Erde.

  Damit verbunden ist die Forderung nach:
  - Maßnahmen zur Reduzierung von Treibhausgasen insbesondere von Kohlendioxyd;
  - Einsparung und intelligente Nutzung von Energie;
  - Förderung und Umstieg auf regenerative Energiesysteme (Sonne, Wind, Wasser);
  - einer Verkehrspolitik, die „weg vom Auto" geht bei gleichzeitigem Ausbau des öffentlichen Personennahverkehrs;
  - dem Stopp der Produktion und Anwendung von FCKW.
- Maßnahmen zur Reduzierung von Luftschadstoffen (Verminderung des Individualverkehrs, Tempolimits, Fahrverbote bei Smog, Einführung eines neuen Luftrechts,...).
- Vermeidung von Kahlschlägen, naturnahe Aufforstung und Renaturierung von Forstgebieten durch Verminderung des Holz- und Papierverbrauchs, Verwendung von Recyclingpapier,... .
- Schutz der Tropenwälder durch Importverbote von Rohstoffen aus Regenwaldzerstörung, insbesondere von Tropenholz.
- Verbot des Pestizideinsatzes in Wäldern und Forsten (vgl. GREENPEACE, 30).

Nicht zuletzt abhängig von der Umsetzung dieser Forderungen wird die Zukunft der Wälder und damit verbunden der Menschen sein[15].

## 2.6. Gesetze und Gefahrenquellen

In diesem Kapitel wird auf rechtliche Belange eingegangen und auf Gefahrenquellen im Wald hingewiesen.

### 2.6.1. Rechtliches

Am Beispiel des Landeswaldgesetzes von Baden-Württemberg sollen wichtige Landeswaldgesetze und damit verbundene Verhaltensrichtlinien genannt werden.

---

15 *„Planst Du für ein Jahr, so sähe Korn, planst Du für ein Jahrtausend, so pflanze Bäume"* (Kuan Chung zit. bei: LAUDERT, D., 40).

**Recht auf Erholung**

*„Jeder darf den Wald zum Zwecke der Erholung betreten. Dies erfolgt auf eigene Gefahr. Hierbei ist zu beachten, daß die Lebensgemeinschaft Wald und die Bewirtschaftung des Waldes nicht gestört werden und der Wald nicht gefährdet, beschädigt oder verunreinigt wird." (§ 37 Abs. 1 LwaldGBW)*

**Einschränkung des Betretungsrechtes**

*„Einschränkungen des Betretungsrechtes beziehen sich auf:*

- *das Radfahren und Reiten (37 Abs. 2 LWaldGBW);*
- *das Betreten von gesperrten Waldflächen, Forstkulturen, Pflanzgärten, etc. sowie das Zelten im Wald (§ 37 Abs. 4 LWaldGBW);*
- *geschützte Waldgebiete wie z.B. Bannwald, Schonwald, Biotopschutzwald und Erholungswald; hier können Rechtsverordnungen erlassen werden, die das Betreten des Waldes einschränken (§ 29 bis 33 LwaldGBW);*
- *naturschutzrechtliche Bestimmungen in Naturschutzgebieten, Nationalparks, flächigen Naturdenkmälern, usw..*

**Verhalten im Wald**

*Sich richtig im Wald verhalten heißt insbesondere:*

- *Rücksicht auf den Lebensraum Wald mit seinen Pflanzen und Tieren zu nehmen;*
- *Rauchverbot (vom 1. März bis 31. Oktober);*
- *Gekennzeichnete Gefahrenbereiche meiden;*
- *Keine (geschützten) Pflanzen zerstören oder ausreißen, Waldfrüchte und Waldpflanzen dürfen nur in begrenztem Umfang angeeignet werden („Handstrauß");*
- *Eine Beunruhigung der Tierwelt zu vermeiden;*
- *Zäune nicht übersteigen oder öffnen;*
- *Erholungseinrichtungen sind pfleglich zu behandeln;*
- *Jagdliche Einrichtungen nicht betreten (z.B. Hochsitze);*
- *In der Dämmerung und zu Zeiten der Jungenaufzucht Zurückhaltung üben;*
- *Keine Waldgefährdung durch Feuer (§ 41 LWaldGBW);*
- *Feuermachen ist in der Regel nur auf eingerichteten und gekennzeichneten Feuerstellen (z.B. Grillplätze) erlaubt;*
- *Auf andere Waldnutzer Rücksicht nehmen;*
- *Fahrverbot für KFZ;*
- *Abfälle grundsätzlich mitnehmen." (KÖLLNER, S. / LEINERT, C., 28f.)*

### 2.6.2. Gefahrenquellen im Wald

**Zeckenkrankheiten**

*„Zecken leben bevorzugt an Übergangszonen zwischen verschiedenen Vegetationsformen, z.B. an Waldrändern und angrenzenden Wiesen [...]. Sie halten sich vorwiegend in der niederen Strauch- und Krautschicht sowie in Hecken auf [...]. Die Hauptzeckenzeit liegt in Mitteleuropa in den Monaten Mai / Juni und September / Oktober [...]. Die Zecken selbst und ihre blutsaugende Lebensweise sind für den Menschen nicht gefährlich, wohl aber zwei Arten von Krankheitserregern, die beim Stich durch infizierte Zecken übertragen werden können:*

*Viren, Überträger der Früh-Sommer-Meningo-Enzephalitis, kurz FSME, und Bakterien, Überträger der sogenannten Borreliose.*

**FMSE**

*Die FSME ist eine Erkrankung des zentralen Nervensystems. Sie kommt faktisch nur in Süddeutschland vor [...]. Die Infektion verläuft zu 90% ohne Symptome oder in Form einer Sommergrippe. Bei 10% der Fälle kommt es zu einer schweren Erkrankung, die durch Hirnhaut- (Meningitis) und Gehirnentzündungen (Enzephalitis) charakterisiert ist; 1-2% der Fälle verlaufen tödlich. Nach einer beschwerdefreien Zeit (10-14 Tage) kommt es zur ersten Erkrankung mit grippeähnlichen Symptomen (Fieber, Kopfschmerzen, Magen-Darmbeschwerden, Gliederschmerzen). Nach einer Zeit scheinbarer Besserung (1-20 Tage) folgt eine zweite Phase der Erkrankung an FSME mit den Anzeichen einer Hirnhaut- bzw. Hirnentzündung (Fieber, Kopfschmerzen, Nackensteife und Übelkeit, Brechattacken, Schwäche, Lähmungen). Wenn noch nicht in der ersten Phase geschehen - weil nicht erkannt - muß bei diesen Anzeichen sofort ein Arzt aufgesucht werden.“* (KÖLLNER, S. / LEINERT, C., 30)

**Borreliose**

*„Die Borreliose ist eine Erkrankung des Nervensystems und der Gelenke. Borrelienbakterien werden bei Zecken im gesamten Bundesgebiet vorgefunden [...]. Die Durchseuchung von Zecken mit Borrelien beträgt durchschnittlich ca. 15% [...]. Nach bisherigen Erkenntnissen verläuft die Erkrankung in drei Stadien: In Stadium 1 kann nach 2-4 Wochen neben grippeähnlichen Beschwerden eine flächenhaft größer werdende Hautrötung um die alte Stichstelle auftreten, die relativ scharf abgegrenzt erscheint und die in der Mitte mehr oder weniger verblaßt. In manchen Fällen ist trotz Infektion keine Rötung sichtbar. Im Bereich des Ohres kann auch das gesamte Ohr oder Teile hochrot anschwellen. Bei diesen Anzeichen oder bei Verdacht sollte unbedingt ein Arzt aufgesucht werden zur weiteren Abklärung und Behandlung (Bluntuntersuchung, gegebenenfalls Antibiotika-Behandlung). Nach weiteren 3-6 Monaten kommt es bei einem noch nicht genauen Prozentsatz zu den Krankheitszeichen des Stadiums 2: Starke Kopf- und Nervenschmerzen, Sehstörungen, Entzündungen des Nervensystems und der Gelenke. Das Stadium 3 setzt etwa 6-12 Monate nach einem infektiösen Zeckenstich ein. Es kommt zu Entzündungen, häufig im Knie- und Fußgelenkbereich und zu atronischen Hauterkrankungen bis hin zu Lähmungen. Die beschriebenen Symptome laufen nicht zwingend in dieser Reihenfolge ab, ebensowenig die genannten Symptome, was eine rasche Diagnose erschwert [...]. Die Übertragung der Borrelien ist von der Saugdauer der Zecke abhängig. Sie erfolgt erst einige Zeit nach dem Zeckenstich.“* (KÖLLNER, S. / LEINERT, C., 31f.)

**Schutzmaßnahmen**

- Im Wald möglichst langärmelige Kleidung tragen, damit die Zecken wenig Angriffsfläche haben;
- Nach jedem Waldaufenthalt den ganzen Körper nach Zecken absuchen;
- Die Kleidung ist zu wechseln und auszuschütteln;
- Auf heller Kleidung lassen sich Zecken besser sehen als auf dunkler;

- Ätherische Öle können kurzfristig vorbeugen (Zitronen-, Geranien- und Lavendelölmischung).

**Behandlung von Zeckenstichen**

Zecken sollten mit einer Zeckenzange oder breiten Pinzette ohne Öl möglichst nahe an der Stichstelle am Kopf gefaßt und langsam gerade nach hinten herausgezogen werden, so daß der Kopf nicht abbricht und der Hinterteil nicht gequetscht wird. Treten oben beschriebene Symptome auf, können bei einer Blutuntersuchung beim Arzt FSME-Viren oder Borrelien nachgewiesen werden. Dann kann die Erkrankungen behandelt werden. Gegen FSME kann man sich auch impfen lassen (vgl. KÖLLNER, S. / LEINERT, C., 32f.).

**Gefährdung durch weitere Insekten**

Insektenstiche von Bienen, Wespen, Stechmücken, Bremsen und Hornissen sind nicht unbedingt auf die leichte Schulter zu nehmen. Insbesondere Wespen-, Bienen- und Hornissenstiche können bei Allergikern schwerwiegende Folgen - wie z.B. Atemnot und Kreislaufkollaps - haben. Wichtig ist deshalb, daß allergische Kinder und Personen Gegenmittel ständig griffbereit bei sich führen (vgl. KÖLLNER, S. / LEINERT, C., 37).

**Fuchsbandwurm**

Eine Infektion mit den Eiern des kleinen Fuchsbandwurms ist nur über den Mund möglich. Mit der Regel, vor jeder Mahlzeit die Hände gründlich zu waschen und dem Verbot, Beeren und Früchte des Waldes zu verzehren bzw. Tierkadaver anzufassen, kann die Gefahr minimiert werden. Obwohl der Mensch für den Fuchsbandwurm einen schlechten Wirt darstellt und viele Infektionen nicht zum Krankheitsausbruch führen, sollte wegen der Schwere der möglichen Erkrankung auf die Einhaltung dieser Regeln besonders geachtet werden (vgl. MICHAEL-HAGEDORN, R. / FREIESLEBEN, K., 40).

**Gefährdung durch Tollwut**

Die Tollwut war früher eine häufige und gefürchtete Krankheit mit zumeist tödlichem Verlauf. Sie spielt laut WHO-Bericht in Deutschland mittlerweile kaum mehr eine Rolle, denn weite Teile Deutschlands sind aufgrund langjähriger Impfaktionen inzwischen frei von Tollwut. In Gebieten mit noch existierenden Tollwutherden werden Impfaktionen durch die zuständigen Veterinärämter durchgeführt. Auskunft über den Stand der Tollwutgefahr geben örtliche Veterinär- oder Forstbehörden (vgl. KÖLLNER, S. / LEINERT, C., 36 ).

**Gefährdung durch starke Niederschläge, Gewitter und Wind**

- Schutz vor starken *Niederschlägen* (Regen, Hagel, Schnee) bieten insbesondere tiefbeastete Nadelbäume (jedoch nicht bei Gewitter).

- Generell sind bei *Gewitter* einzeln stehende oder erhöhte Objekte (Bäume, Baumgruppen, Aussichtstürme, Berggipfel etc.) zu meiden. Im Wald ist es besser, eher Gebiete mit jungen Bäumen aufzusuchen.
- Bei *stärkerem Wind* kann es zum Abbrechen und Herunterfallen von morschen, abgestorbenen oder auch beim Holzeinschlag in den Kronen hängengebliebenen Ästen kommen. Bei Stürmen können Bäume auch brechen oder entwurzelt werden. Man sollte den Wald dann umgehend verlassen.

**Gefahren durch Jagd- und Forstbetrieb**

Absperrungen bzw. im Wald angebrachte Hinweise sind zu beachten (vgl. KÖLLNER, S. / LEINERT C., 38f.).

**Giftige Pflanzen und Pilze**

Es gibt einige z.T. hochgiftige Pflanzen und Pilze im Wald. Dazu gehören u.a. Eibe, Stechpalme, Fingerhut und Knollenblätterpilz. Pflanzen und Pilze sollten deshalb sehr sorgfältig und nur bei genauer Kenntnis zum Verzehr gesammelt werden.

## 2.7. Ergebnis

Nach diesem großen Exkurs können nun durch Zusammenfassung der sechs Unterkapitel mögliche Aktivitäten im Wald abgeleitet werden.

### 2.7.1. Zusammenfassung mit Schlußfolgerungen

#### 2.7.1.1. Zusammenfassung

**Kap. 2.1.: Allgemeines über den Wald**

Der Wald ist eine Vegetationsform, in der die Bäume entscheidend das Erscheinungsbild, die vorhandenen Pflanzengesellschaften und das Kleinklima bestimmen. Im Wald leben unterschiedlichste Pflanzen, Tiere und Mikroorganismen. Sie sind in komplexen Beziehungen miteinander verbunden. Die Vielfalt der Arten ermöglicht ein ausgeglichenes Ökosystem in Wäldern. Wälder in Deutschland sind keine Urwälder, sondern von Menschen geprägte Wirtschaftswälder, wobei heute versucht wird, sie möglichst naturnah zu gestalten.

**Kap. 2.2.: Die Verbundenheit von Wald und Mensch in der Geschichte**

Die Menschen früher haben, im Gegensatz zu heute, den Wald als Ganzes erlebt. Intuitive, intime Naturerfahrung und vielseitig wissende Lebenserfahrung wurde von Generation zu Generation weitergegeben. Im Wald wurde gejagt und Nahrung gesammelt. Harz sowie Arznei- und Färbepflanzen waren wichtige weitere Waldprodukte. Wälder lieferten nicht zuletzt den seit Jahrtausenden so wichtigen Rohstoff Holz, welcher bis zum Industriezeitalter Grundlage für das tägliche Leben und aller wirtschaftlichen Blüte war; denn Holz war u.a. wichtiges Werk-, Bau- und Brennmaterial. Gerade deshalb wurde der Wald bereits in früheren Jahrhunderten ausgebeutet.

Mythen, Märchen und Sagen rankten sich um die Wälder. Zahlreiche „Zauberwesen" (Feen, Trolle,...), gute wie schlechte, bewohnten z.B. den Märchenwald. Er wirkt in den Märchen als Kulturgegner oft bedrohlich. Dennoch gehen die Hauptfiguren in Märchen meist ratlos, suchend in den Wald hinein und kommen erfüllt und bereichert wieder heraus.

### Kap. 2.3.: Zugeschriebene seelische Bedeutungen von Bäumen

Bestimmte Bäume oder Baumarten haben für Menschen in der Vergangenheit eine besondere Bedeutung gehabt. Bäume waren Sitz der Götter, Orte der Geselligkeit, des Gerichts und verkörperten Kraft und Fruchtbarkeit. Daneben spendeten sie Schatten und Schutz bei Regen. Diese Aspekte werden u.a. im Gesellschaftsleben früherer Zeiten deutlich. Um die Dorflinde war z.B. der Festplatz angesiedelt und die Germanen lösten Unstimmigkeiten an einem ausgewählten Baum, wo sie zum sogenannten Thing zusammentrafen.

Bäume spielen auch in Weltreligionen eine Rolle: Die Schöpfungsgeschichte ist dafür nur ein Beispiel. In anderen Bezügen dienen Bäume dem Menschen als Gleichnis seiner selbst oder anderer Menschen. Ihnen werden unterschiedliche Wirkungen zugeschrieben. Durch den Baum werden bestimmte Eigenschaften oder Entwicklungsphasen von Menschen symbolisiert oder gespiegelt. Sie werden dadurch transparenter. Zahlreiche Sprichwörter und Gedichte belegen dies.

### Kap. 2.4.: Der Wald in der Musik, Kunst, Literatur und Dichtung

Der Wald wurde von zahlreichen Künstlern sowohl in der Musik, der Kunst als auch in Literatur und Dichtung thematisiert. Der romantisch verklärte Wald steht dabei oft in seiner Schönheit und Zauberhaftigkeit dem bedrohlichen, unheimlichen und finsteren Wald dialektisch gegenüber.

### Kap. 2.5.: Wald heute und in Zukunft

Der Wald ist für den einzelnen Menschen heute Erholungsgebiet. Er fördert durch sein spezielles Innenklima die Gesundheit und regt die Sinne mit Farben, Formen, Strukturen, Gerüchen, Geräuschen u.v.m. vielfältig an. Spaziergänger und Jogger können sich im Wald bewegen und Kinder finden Platz zum Spielen. Wälder ermöglichen Naturbegegnung und sind, im Gegensatz zu Urlandschaften wie See oder Hochgebirge, leicht zu erreichen.

Der Wald hat für den Menschen viele weitere Bedeutungen: Er reguliert den Wasserhaushalt, schützt vor Erosionen, reinigt die Luft, liefert den Rohstoff Holz, bindet Kohlendioxyd, erhält die Artenvielfalt und vieles mehr.

Viele Wälder sind in Gefahr. In Europa sind sie krank und auf anderen Kontinenten sind sie durch Kahlschläge bedroht. Die Regenwälder sind hierbei gesondert zu nennen, weil sie insbesondere die Artenvielfalt sichern und aufgrund ihrer Fläche große Mengen an Kohlendioxyd binden, wodurch der Treibhauseffekt gemindert wird. Der Mensch ist also - auch wenn dieser Prozeß verdeckt abläuft - wie in der Vergangenheit noch immer eng mit dem Wald verbunden. Um die Zukunft der Wälder und Menschen zu sichern sind Verhaltensänderungen besonders in den Industrieländern notwendig.

**Kap. 2.6.: Rechtliches und Gefahrenquellen**

Der Aufenthalt im Wald ist mit bestimmten Gesetzen und Regeln verbunden. Generell hat jeder das Recht, den Wald zu betreten. Dabei ist zu beachten, daß die Lebensgemeinschaft Wald mit ihren Tieren und Pflanzen und die Bewirtschaftung des Waldes nicht gestört wird. Der Wald darf nicht gefährdet, beschädigt oder verunreinigt werden. In bestimmten Bereichen (z.B. Naturschutzgebieten) kann es ein eingeschränktes Betretungsrecht geben.

Im Wald gibt es bestimmte Gefahrenquellen. Diese beziehen sich insbesondere auf Zecken, Fuchsbandwurm, giftige Pflanzen, Forst- sowie Jagdbetrieb und Unwetter. Durch vorbeugendes und aufmerksames Verhalten lassen sich diese Gefahren jedoch auf ein Minimum reduzieren.

## 2.7.1.2. Mögliche resultierende Aktivitäten und Erkenntnisse

**Kap. 2.1.: Allgemeines über den Wald**

Der Wald bietet mit seiner Artenvielfalt zahlreiche Möglichkeiten, *Pflanzen und Tiere zu entdecken.* Daraus können vielfältige Erkenntnisse über sie, ihre komplexen Beziehungen und den Stoffkreislauf im Wald resultieren.

**Kap. 2.2.: Die Verbundenheit von Wald und Mensch in der Geschichte**

Der Wald ist, schon historisch gesehen, ein Ort, in dem gesammelt, gejagt sowie der Rohstoff Holz gewonnen wurde. Er bietet nach wie vor die Möglichkeit, *Alltag unter einfachen Bedingungen zu erleben.* Grundbedürfnisse des Menschen können dadurch im Wald wahrgenommen und elementare Zusammenhänge zwischen Mensch und Natur erkannt werden.

Es ergeben sich folgende Aktivitäten und daraus resultierende Erkenntnisse:

- *Eßbare, Heil- und Färbepflanzen bzw. Früchte können gesammelt und verarbeitet werden.* Auf diese Weise erweitert sich die Pflanzenkenntnis. Gleichzeitig wird eine elementare Basis für späteres Interesse an Ernährung, Medizin und Chemie gelegt.
- Holz kann zum *Bauen und Gestalten* verwendet werden. Damit verbunden können physikalische Gesetzmäßigkeiten und Materialeigenschaften erkannt, kreative Potentiale frei und handwerkliche Fähigkeiten erlernt werden. Die Bedeutung von Holz für den Menschen wird ebenfalls deutlich.

- Das Element Feuer kann erlebt und seine fundamentale Bedeutung für den Menschen erkannt werden[16].
- *Waldsagen, Waldmärchen, Mythen und Geschichten über das Leben der Menschen früher können erzählt werden.* Dabei wird ein tieferer Einblick in die Geschichte möglich.
- Altes Waldwissen kann helfen, Ideen für weitere Tätigkeiten im Wald zu entwikkeln (Ahornsirup herstellen, Birkenholz probieren, Fackeln herstellen, Runenschrift lernen,...).

**Kap. 2.3.: Zugeschriebene seelische Bedeutungen von Bäumen**

Der Gruppenthing der Germanen weist darauf hin, daß im Wald gut Probleme besprochen werden können, sich also *Gruppengespräche* bei einem bestimmten Platz oder Baum anbieten. Dies kann, wie alle anderen gemeinschaftlichen Aktivitäten im Wald, zu positiven Gruppenerlebnissen führen, so daß die sozialen Kompetenzen erweitert werden. Es bietet sich außerdem die Möglichkeit, im Wald *Feste zu feiern.* Der Hinweis auf das gesellige Leben um die Dorflinde zeigt, daß Bäume bei Festen bereits in früheren Zeiten eine Rolle spielten. Der Wald bietet eine intensive Begegnungsmöglichkeit mit Bäumen. Die weiteren angesprochenen Themen Religion, Bäume als Gleichnis und Wirkungen von Bäumen machen deutlich, daß sich der Mensch im Wald besinnen und über das Leben nachdenken kann. Es bietet sich also die Möglichkeit zur *Meditation*, die zur Stabilisierung der Persönlichkeit beiträgt.

**Kap. 2.4.: Der Wald in der Musik, Kunst, Literatur und Dichtung**

Was Künstler mit dem Wald verbanden, drückten sie auf unterschiedlichste Weise aus. Man kann sich also, sei es durch *Schrift, Musik, Kunst oder Theater,* kreativ mit dem Wald auseinandersetzen. Diese Ausdrucksmöglichkeiten dienen der Reflexion und gleichzeitig der Vertiefung von Erlebtem, wodurch Kenntnisse über sich selbst, andere Menschen und die Umwelt gewonnen werden können (vgl. Kap. 1.1.).

**Kap. 2.5. Wald heute und in Zukunft**

Der Wald spricht viele Sinne an. Er bietet also die Möglichkeit, vielfältig *wahrzunehmen.* Im Wald kann man sich besinnen, meditieren und entspannen. Kinder können *spielen* und sich frei *bewegen.*

Wälder haben heute und auch in Zukunft eine große Bedeutung für den Menschen. Umdenken ist notwendig. Aufenthalte im Wald sind wohl die beste Voraussetzung, möglichst schon als Kind, eine positive Beziehung zu ihm aufzubauen. Dadurch steigt die Chance, daß sich der Erwachsene des Waldes und der globalen Umweltschäden annimmt und eine Verhaltensänderung stattfindet. Boje Maaßen weist darauf hin, daß der Prozeß zu einem Umweltbewußtsein von Natur erleben, über beschreiben, erklären und verstehen verläuft. Naturerleben bildet dabei die emotionale

16 Nach Genehmigung an Waldrändern bzw. an Grillplätzen.

Grundlage für alles weitere. Diese kann und sollte schon in der Kindheit gelegt werden (vgl. MAAßEN, B., 79). Erlebnispädagogik im Wald kann dafür, wie noch zu sehen sein wird, eine gute Möglichkeit bieten (vgl. Kap. 3).

**Kap. 2.6.: Rechtliches und Gefahrenquellen**

Aktivitäten im Wald sind an rechtliche Bedingungen gebunden, die berücksichtigt werden müssen. Da generell das Recht besteht, den Wald zu betreten, gibt es viele Freiräume für Aktivitäten. Die genannten Gefahrenquellen im Wald können bei Einhaltung von beschriebenen Vorsichtsmaßnahmen weitgehend minimiert werden.

### 2.7.2. Mögliche Aktivitäten im Wald

Als Aktivitäten, die mit zahlreichen Erlebnissen und Erkenntnismöglichkeiten verbunden sind, kristallisieren sich im Wald folgende heraus:

A) Pflanzen entdecken (vgl. Kap. 2.2.);
B) Tiere entdecken und beobachten (vgl. Kap. 2.2.);
C) Sammeln (vgl. Kap. 2.3.);
D) Gesammelte Pflanzen verarbeiten (vgl. Kap. 2.3.);
E) Bauen und Gestalten mit gesammelten Waldprodukten (vgl. Kap. 2.3.);
F) Spielen (vgl. Kap. 2.5.);
G) Bewegen (vgl. Kap. 2.5.);
H) Vielfältig Wahrnehmen (vgl. Kap. 2.6.);
I) Alltag unter einfachen Bedingungen erleben (vgl. Kap. 2.3 und Kap. 2.5.);
K) Meditieren (vgl. Kap. 2.4. und 2.6.);
L) Geschichten hören, erzählen und selber erfinden (vgl. Kap. 2.3. und Kap. 2.5.);
M) Musizieren, künstlerisch gestalten, Theater spielen (vgl. Kap. 2.5.);
N) Feste feiern (vgl. Kap. 2.3.);
O) Gruppengespräche (vgl. Kap. 2.4.).

Diese entwickelte Einteilung wird im Laufe der Arbeit immer wieder verwendet. Die Aktivitätsbereiche überschneiden sich zum Teil: Zur Verdeutlichung und besseren Strukturierung wurden sie dennoch auf diese Weise aufgegriffen.

Der in Kapitel 1.4. aufgeworfene Punkt a) kann bestätigt werden:

*Der Wald ermöglicht zahlreiche Aktivitäten.*

# 3. Über den Wert des Waldes für Kinder

Im folgenden Kapitel geht es darum, verallgemeinerte Bedürfnisse von Kindern darzustellen, auf ihre Bedeutung für die kindliche Entwicklung hinzuweisen und gleichzeitig zu überprüfen, inwieweit der Wald und die in ihm möglichen Aktivitäten kindlichen Bedürfnissen gerecht werden. Parallel dazu wird darauf eingegangen, ob die dargestellten Bedürfnisse von Kindern in der heutigen Zeit befriedigt werden können. Auf diese Weise kann der besondere Wert des Waldes für „Kinder heute" herausgearbeitet werden. Der Begriff „Kinder heute" wird aus Übersichtsgründen sehr pauschal angewendet. Gemeint sind in erster Linie Kinder, die in urbanisierten Gebieten aufwachsen und wenig Freiräume haben. Auch hier gibt es selbstverständlich, wie bei den dargestellten Bedürfnissen, individuelle Unterschiede.

Anm.: In Kapitel 4 sind konkrete Aktivitäten für Kinder im Wald tabellarisch dargestellt. Auf diese wird in diesem Kapitel immer wieder verwiesen, so daß der Leser gegebenenfalls nachlesen kann.

## 3.1. Bedürfnisse von Kindern

Jörg Hoppe hat sich mit der Thematik auseinandergesetzt, welche Spiele und Spielorte Kinder vor etwa 50 Jahren wählten. Aus diesen, von den Kindern frei gewählten Spielen und Spielräumen, leitet er kindliche Bedürfnisse ab. Er stellt fest, daß - obwohl damals schon vorhanden - Kinderzimmer, -spielplätze und -spielzeug (mit Ausnahme von Puppen, Rollern und Bällen), eine eher untergeordnete Rolle spielten und das Spiel außerdem zu 90% im Freien stattfand. Für Jörg Hoppe stillten Kinder damals mit ihrer Spiel- und Ortswahl Bedürfnisse, die auch bei heutigen Kindern bestehen. Diese lassen sich u.a. durch folgende Polaritäten darstellen:

| | | |
|---|---|---|
| Geborgenheit / Sicherheit | ⇔ | Abenteuer / Spannung / Risiko |
| Freiheit | ⇔ | Grenzen / Verantwortung |
| Gemeinschaft | ⇔ | Friedlich für sich alleine sein |
| Anpassung | ⇔ | Gestaltung |
| Mit Sinnen Natur erkennen | ⇔ | Mit Sinnen Natur verändern |

(vgl. HOPPE, J. R., 117).

Dieter Baacke weist darauf hin, daß Kinder außerdem ein Grundbedürfnis nach Liebe, Selbständigkeit und neuen Erfahrungen haben (vgl. BAACKE, D., 106). Diese und andere Bedürfnisse von Kindern werden - zum Teil in veränderten Formulierungen - im folgenden Kapitel aufgegriffen. Ein Anspruch auf Vollständigkeit wird nicht erhoben. Einige der Bedürfnisse überschneiden sich auch. Aus Übersichtsgründen wurden die von Jörg Hoppe vorgeschlagenen Polaritäten aufgehoben, so daß sich folgende Bedürfnisse herauskristallisieren.

Bedürfnis:

3.1.1. nach Liebe, Geborgenheit und Sicherheit;

3.1.2. nach Spannung, Abenteuer, Risiko;

3.1.3. nach Freiheit / Grenzen, Selbständigkeit und Verantwortung;

3.1.4. die Welt zu entdecken und zu verstehen;

3.1.5. herzustellen und zu gestalten;

3.1.6. zu spielen;

3.1.7. sich zu bewegen;

3.1.8. vielfältig wahrzunehmen;

3.1.9. nach Gemeinschaft;

3.1.10. friedlich für sich alleine zu sein;

3.1.11. Erlebtes, Stimmungen und Gefühle auszudrücken;

3.1.12. mit der Natur verbunden zu sein.

Die einzelnen Unterkapitel sind so strukturiert, daß zuerst das Bedürfnis und seine Bedeutung für die kindliche Entwicklung dargestellt wird. Anschließend wird erläutert, inwieweit dem Bedürfnis der Kinder in den heutigen gesellschaftlichen Strukturen entsprochen wird. Zuletzt wird überprüft, ob der Wald bzw. die in ihm möglichen Aktivitäten den Bedürfnissen gerecht werden.

### 3.1.1. Bedürfnis nach Liebe, Geborgenheit und Sicherheit

Kinder haben, wie jeder Erwachsene auch, das Bedürfnis, geliebt und respektiert zu werden und sich geborgen und sicher zu fühlen. Die Eltern spielen dabei eine wichtige Rolle. Jörg Hoppe veranschaulicht diesen Sachverhalt treffend wie folgt:

> *„Kinder entwickeln recht früh das Gefühl von Geborgenheit und Sicherheit, das die Psychologen Urvertrauen nennen, wenn sie in stabilen Beziehungen aufwachsen. Schon recht früh sind sie in der Lage, den schützenden Bereich von Mutter und Vater zu verlassen. Sie wollen es auch, weil sie neugierig auf die Ergründung der Welt sind [...]. Kinder erobern sich sozusagen in immer größer werdenden konzentrischen Kreisen ihre Umwelt in der Gewißheit, in die Sicherheit des Elternhauses zurückkehren zu können."* (HOPPE, J. R., 118)

Das Gefühl der Sicherheit und Geborgenheit fördert bei den Kindern also u.a. Selbständigkeit und Selbstbewußtsein (vgl. KOHNSTAMM, R.,55f.).

*Heute* gibt es viele Kinder, die in instabilen Beziehungen und Strukturen aufwachsen, so daß ihrem Bedürfnis nach Liebe, Sicherheit und Geborgenheit nicht immer entsprochen wird. Ursachen liegen zum Teil in den veränderten Familienstrukturen. Die Großfamilie ist zur Kleinfamilie geworden und viele Kinder wachsen ohne Geschwister auf. Mütter sind in das Berufsleben integriert und die Zahl der Scheidungen ist hoch (vgl. NAVE-HERZ, R., 18f.). Nicht alle Familien kommen mit den damit verbunden Belastungen zurecht.

*Erlebnispädagogische Arbeit mit Kindern im Wald* kann die elterliche Fürsorge unterstützen[17]. Damit sich alle Kinder in der Gruppe geborgen und sicher fühlen können, sollte der Betreuer stets auf das Gruppenklima achten. Dies gilt insbesondere dann, wenn sich Kinder aus schwierigen Familienverhältnissen in der Gruppe befinden. Eine kontinuierlich stattfindende erlebnispädagogische Gruppenarbeit ist für sie von besonderer Bedeutung.

### 3.1.2. Bedürfnis nach Spannung, Abenteuer und Risiko / Erlebniswelten in der Grundschulzeit

#### 3.1.2.1. Bedürfnis nach Spannung, Abenteuer, Risiko

Kinder haben, neben dem Bedürfnis nach Geborgenheit, auch ein Bedürfnis nach Spannung, Abenteuer und Risiko. Das gesamte Kinderleben ist von diesem Dualismus geprägt (vgl. HOPPE, J. R., 118). Alle Formen der kindlichen Entdeckung der Umwelt, das spielerische Befassen mit Dingen, Bedingungen oder Personen tragen den Aspekt der Spannung bzw. des Abenteuers in sich. Das Kind ist dabei immer Akteur, begibt sich real und in seiner Phantasie in Abenteuer, entdeckt die Welt und eignet sich so Räume und Beziehungen an (vgl. LANG, T., 26). Dieses Bedürfnis ist also von besonderer Bedeutung für die kindliche Entwicklung. Thomas Lang sieht das „Abenteuer", das sich aus dem aktiven Tun des Kindes ergibt, als eine intensive Form des Sich-selbst-Erlebens an. Dieses Tun verläuft innerhalb eines Handlungsbogens, dessen Spannungsbogen daraus resultiert, daß ein bestimmter Plan gefaßt wird und man sich ungewissen Bedingungen aussetzt. Fernsehsendungen, Filme und Videos erfüllen für Thomas Lang nicht die Aspekte eines Abenteuers, denn das Kind hat keine Möglichkeit zur Interaktion und es ist nicht mit allen Sinnen beteiligt. Er unterscheidet deshalb zwischen „falschen" und „richtigen" Abenteuern, wobei erstere Sekundär- und letztere Primärerfahrungen sind (vgl. LANG, T., 28).

*Heutzutage* haben es besonders ältere Kinder schwer, ihr Bedürfnis nach Abenteuer und Spannung zu stillen. Sie verbringen viel Zeit in Gebäuden, in denen Erwachsene - sei es in Elternhaus, Schule, oder anderen pädagogischen Einrichtungen - Regeln setzen und häufig wenig Freiräume lassen. Thomas Lang ist sogar der Ansicht, daß aus diesem Grund in der Jugendzeit das vernachlässigte Bedürfnis in Normverstößen (Drogenkonsum, Kriminalität,...) wieder zutage trete (vgl. LANG, T., 22f.).

Der *Wald* bietet zahlreiche Möglichkeiten, das Bedürfnis nach Abenteuer und Spannung zu stillen. Er ist für viele Kinder ein unbekannter Freiraum, so daß sie ihn entdecken und gleichzeitig ihrer Phantasie freien Lauf lassen können. Außerdem ist er unübersichtlich, so daß hinter jedem Baum eine Überraschung verborgen sein kann.

---

17 Die intensiv mögliche Naturerfahrung im Wald kann manchen Kindern (neben positiven Gruppenerfahrungen) ein Gefühl der Geborgenheit vermitteln.

Beinahe alle herausgearbeiteten Aktivitäten im Wald können das Bedürfnis nach Abenteuer und Spannung ansprechen[18].

Sollte die These von Thomas Lang stimmen, daß Normverstöße im Jugendalter aus dem beschriebenen nicht befriedigten Bedürfnis in der Kindheit resultieren, käme Waldaktivitäten im Grundschulalter deshalb zusätzlich eine präventive Bedeutung zu.

### 3.1.2.2. Erlebniswelten in der Grundschulzeit

In der Grundschulzeit ist das Bedürfnis der Kinder nach Abenteuern besonders groß. Da der Schwerpunkt dieser Arbeit bei 6-10jährigen Kindern liegt, soll auf Erlebnis- bzw. Abenteuerwelten in dieser Altersstufe nun eingegangen werden. Das Verhalten von Kindern in diesem Alter wird hierdurch zudem verständlicher.

Thomas Lang stellt für 6-12jährige Kinder acht Grundthemen heraus, die für diese mit Erlebniswelten verknüpft sind und für die Kinder eine große Bedeutung haben:

*a) Jäger und Sammler*
*b) Sich sein eigenes Haus bauen*
*c) Pflegen und Hüten*
*d) Entdecker- und Erfindergeist*
*e) Handwerk und Handel*
*f) Freundschaften, Gruppen und Banden*
*g) Körpererfahrungen*
*h) Phantasiewelten*

Interessant ist, daß die ersten fünf genannten Themen den Grundstufen der kulturellen Entwicklung der Menschheit entsprechen:

> *„Sie reichen von der Zeit der Jäger und Sammler über die Sesshaftwerdung und der mit ihr verbundenen Domestikation von Wildtieren und Wildpflanzen bis hin zur Epoche der Entdecker und Erfinder, die die Verfeinerung handwerklicher Betätigungen und den Handel mit sich brachten. Es scheint so, als ob hier ein 'genetischer Erfahrungsschatz' weitergereicht wird.“* (LANG, T., 47)

Gerhard Winkel gibt ähnliche Hinweise:

> *„Wollte man diese Lebensphase [gemeint ist die 4. Klassenstufe] durch ein Bild beschreiben, so könnte es durchaus das Bild von der Menschheit nach der Sintflut sein, als sich die ersten größeren Gemeinschaften bildeten, die Urtechniken des Akkerbaus, der Tierzucht, des Gartenbaus erfunden und praktiziert wurden, und fast alle handwerklichen Urtechniken ihre entscheidende Entwicklung durchliefen.“* (WINKEL, G., 95f.)

#### a) Jäger und Sammler

Thomas Lang spricht davon, daß bei 6-12jährigen Kindern (besonders bei Jungen) der Wunsch aufkommt, Tiere - seien sie im Wasser oder auf dem Land - zu fan-

18 (vgl. Tabellen in Kap. 4, besonders jedoch: Tab. B. Tiere entdecken und beobachten; Tab. F./G. Spielen und Bewegen: Geländespiele; Tab. I. Alltag unter einfachen Bedingungen erleben).

gen (vgl. LANG, T., 34). Das darin enthaltene Prinzip des Verfolgens und Fangens wird in der Bevorzugung von Schnitzeljagden und Versteckspielen in diesem Alter ebenfalls deutlich. Bei vielen Kindern breitet sich in der Grundschulzeit außerdem eine Sammelleidenschaft aus. Gerhard Winkel berichtet, daß in dritten Klassen regelrechte Sammelepidemien ausbrechen (vgl. WINKEL, G., 90). Aufkleber, Briefmarken, Sticker und Steine, alles, was das Interesse der Kinder weckt, wird gesammelt und gegebenenfalls getauscht (vgl. LANG, T., 35).

Der *Wald* bietet zahlreiche Möglichkeiten, der beschriebenen kindlichen Erlebniswelt gerecht zu werden. Schon in der historischen Betrachtung in Kapitel 2 ist deutlich geworden, daß er der Platz schlechthin zum Jagen und Sammeln ist. Kinder können Tierfährten lesen und verfolgen, auf die Pirsch gehen, Schnitzeljagden veranstalten, usw. (vgl. Tab. B. Tiere entdecken und beobachten; Tab. F./G. Spielen und Bewegen). Auch zum Sammeln hält der Wald viele Produkte - z.B. Pflanzen, Früchte, Samen, Tierreste - bereit (vgl. Tab. C. Sammeln).

**b) Sich sein eigenes Haus bauen**

Es gibt wohl kaum einen Erwachsenen, der sich nicht daran erinnert, als Kind eine Behausung aus Stoffen, Ästen oder anderem Material gebaut zu haben. Für Kinder scheinen solche 'Bautätigkeiten' verbunden mit den dann darin stattfindenden Spielen auch langfristig eine große Bedeutung zu haben. Thomas Lang sieht hier, wie beim Jagd- und Sammelbedürfnis, ein archaisches Grundmuster wirken, da diese Tätigkeiten immer von den Kindern ausgehen (vgl. LANG, T., 36).

Im *Wald* können die Kinder ihrem Wunsch, sich ihr eigenes Haus zu bauen, zur Genüge nachgehen, denn mit seinem umfangreichen „Baumaterial“ - insbesondere Holz - lassen sich viele kindliche Ideen realisieren (vgl. Tab. E. Bauen und Gestalten).

**c) Pflegen und Hüten**

Kinder haben im Grundschulalter ein Bedürfnis, „zu pflegen und zu hüten“. Im Umgang mit und in der Beziehung zu einem Tier leben sie häufig eine innige Zuwendung und Fürsorge aus (vgl. LANG, T., 37). Im Wunsch nach einem Haustier oder Ferien auf dem Bauernhof wird das Bedürfnis in diesem Alter deutlich. Das schon früher einsetzende Spiel mit Puppen oder der „Tamagotchi-Wahn“[19] stützt die genannten Beobachtungen. Die Pflege von Pflanzen kann Kinder in diesem Alter ebenfalls interessieren (vgl. Winkel, G., 90).

Im *Wald* kann das Bedürfnis „zu pflegen und zu hüten“ aufgegriffen werden: Bei manchen Forstämtern z.B. können Kinder bei Pflegearbeiten im Wald und bei Naturschutzaufgaben mithelfen (vgl. Tab. E. Bauen und Gestalten: Mithelfen bei forstlichen Tätigkeiten).

19 Das Tamagotchi ist ein elektrisches Kinderspielzeug, das Bedürfnisse eines Menschen oder Tieres nachahmt.

**d) Entdecker- und Erfindergeist**

Kinder wollen „die Welt“ im Grundschulalter weiter erkunden. Thomas Lang beschreibt diesen Sachverhalt wie folgt:

> *„Der Zaun, die Mauer oder der Häuserblock, an dem all die Jahre die Welt aufhörte - genau hinter diese zu schauen, ist jetzt ein unbezwingbarer Reiz. Fast täglich, wann immer es die Zeit zuläßt, wird auf Erkundungstour gegangen. Man dringt vor zu bisher nie erreichten Straßen und Stadtvierteln. Baustellen, Abbruchhäuser, Waldstükke und Gebüsche werden ebenso entdeckt und erkundet wie Tiefgaragen, Keller, Dachböden, Kanalröhren,[...].“ (LANG, T., 39)*

Auch das Innenleben der Dinge wird erkundet, weswegen viele Gegenstände und Geräte auseinandergenommen werden. Das Zusammensetzen bereitet ebenfalls Freude und auf kleinere Konstruktionen und Erfindungen sind die Kinder stolz (vgl. LANG, T., 39f.).

Im *Wald* kann der Entdeckergeist besonders angesprochen werden, denn der Wald ist, wie bereits erwähnt, für die meisten Kinder ein noch unbekanntes Terrain, das zudem sehr weitflächig ist (vgl. Kap. 3.1.2.1.). Er bietet Lebensraum für viele Tiere und Pflanzen, die die Kinder entdecken können und die in ihren Wohngebieten nicht vorkommen. Kleine Erfindungen und Konstruktionen können ebenfalls realisiert werden (vgl. Tab. A.: Pflanzen entdecken; B. Tiere entdecken; E. Bauen und Gestalten).

**e) Handwerk und Handel**

Die Kinder bekommen im Grundschulalter ein Interesse für handwerkliches Tun. Es geht weniger um Basteln als vielmehr um „richtiges“ Handwerken wie Sägen, Schnitzen oder Töpfern. Das Erlernen der handwerklichen Tätigkeit ist dabei mindestens ebenso wichtig wie das Produkt (vgl. LANG, T., 40). Auch Handeln ist beliebt. Flohmärkte von Kindern oder der angesprochene Tauschhandel von gesammelten Objekten sind hierfür Beispiele.

Im *Wald* drängt sich bei der Fülle von Material die handwerkliche Betätigung beinahe auf (z.B. Schnitzen, vgl. Tab. E. Bauen und Gestalten). Als handwerkliche Tätigkeit kann außerdem die Verarbeitung sowohl von eßbaren Waldprodukten als auch von Heil- und Färbepflanzen verstanden werden (vgl. Tab. D.: Pflanzen verarbeiten). Wilfried Fauth stellt die Bedeutung dieser Tätigkeiten wie folgt heraus:

> *„[..] Färben, Erd- und Pflanzenkunde so elementar erlebt, machen nicht nur Spaß, sondern vermitteln [..] auch ein Gefühl dafür, aus welchen Anfängen sich diese Techniken und Wissenschaften im Laufe der Menschheitsgeschichte entwickelt haben. So beginnt der Wissenserwerb auf einer naturgemäßen Basis, aus der heraus aktuelles Wissen besser verstanden und integriert werden kann.“ (FAUTH, W., 40)*

**f) Freundschaften, Gruppen und Banden**

Im Grundschulalter schließen die Kinder engere Freundschaften. Oft gibt es den oder die beste Freund/in. Die Kinder finden sich aber auch in Gruppen zusammen, so daß Gerhard Winkel bei Viertklässlern sogar von einer Art „Herdensozialisation“

spricht (vgl. WINKEL, G., 95). In den engen Freundschaftsbeziehungen und der Gruppe der Gleichaltrigen werden Grundformen menschlichen Zusammenlebens erprobt, erlernt und erfahren. Gemeinsam werden die beschriebenen „Erlebniswelten" durchlebt (vgl. LANG, T., 43).

Der *Wald* bietet Gruppen viel Freiraum. Das Unterkapitel 3.1.9. geht auf diese Thematik näher ein.

**g) Körpererfahrungen**

Nachdem die Kinder Gehen und Rennen bereits gelernt haben, interessieren sie sich im Grundschulalter für neue Bewegungsarten. Sie lernen Radfahren, Rollschuhlaufen, Schlittschuhlaufen, Schlittenfahren oder auf Stelzen Gehen. Das Bedürfnis nach Bewegung ist also immer noch ungebrochen. Neben Bewegungssportlichem werden weitere Körpererfahrungen gesammelt: die Kinder lernen Pfeifen, Rülpsen, Schnipsen, Schielen,... (vgl. LANG,T., 44).

Der *Wald* bietet zahlreiche Möglichkeiten für Körpererfahrungen. Sie sind im Unterkapitel 3.1.7. näher dargestellt.

**h) Phantasiewelten**

Neben der in allen Richtungen zu erobernden realen Welt leben Kinder auch in einer zweiten Welt, einer Phantasiewelt. Sie sind dabei ungemein kreativ und interessieren sich neben Märchen - die schon vor der Grundschulzeit große Bedeutung besitzen - nun vor allem für Geschichten, romanartige Abenteuer, Sagen oder Mythen (vgl. LANG, T., 45).

Der *Wald* eignet sich besonders gut für das Ausleben der kindlichen Phantasiewelten: Er gibt im Grunde nichts vor, bietet aber gleichzeitig vielfältige Aktionsmöglichkeiten (vgl. Tab. L.: Geschichten hören, erzählen und selber erfinden).

Alte Sagen, Märchen, Mythen, Abenteuergeschichten oder auch Berichte über die enge Verbundenheit zwischen Wald und Mensch in früherer Zeit können die kindliche Phantasie zusätzlich anregen. Aktuelle Kinderbücher, wie z.B. Ronja Räubertochter von Astrid Lindgren, erzählen ebenfalls eindrucksvoll von den verschiedenen Aspekten des Waldes und den hier dargestellten kindlichen Erlebniswelten (vgl. Kap. 2).

*Abschließend* kann festgehalten werden, daß der Wald den genannten Erlebniswelten von Grundschulkindern auffallend gut entspricht und deshalb für diese Altersstufe als besonders geeignet erscheint.

### 3.1.3. Bedürfnis nach Freiheit / Grenzen, Selbständigkeit und Verantwortung

Kinder haben das Bedürfnis, in einem gegebenen Rahmen frei zu entscheiden und frei zu handeln. Freiheit beinhaltet u.a. die Möglichkeit, Dinge selbständig zu tun. Jörg Hoppe beschreibt den ungestörten Prozeß einer Handlung und seine Bedeutung für die kindliche Entwicklung wie folgt:

1. Das Kind nimmt etwas wahr:
   *„Was ist das?"*
2. Die intrinsische Motivation kommt hinzu (Impuls, Gefühl oder Interesse):
   *„Oh, es ist interessant, was kann ich damit machen?"*
3. Das Kind vollzieht eine Handlung, eine Aktivität.
4. Das Kind nimmt Bezug zu dem Geschaffenen, es bewertet:
   *„Oh es sieht gut aus!"*
5. Nun kann das Kind Verantwortung für das Geschaffene übernehmen:
   *„Ich habe es gemacht."*
6. Das Kind bekommt Selbstwertgefühl:
   *„Ich habe es geschafft."*
7. Es folgt die Selbständigkeit:
   *„Jetzt kann ich es alleine."*
8. Im letzten Schritt kommt die Selbsterkenntnis:
   *„...und weiß jetzt, wie gut es geht".*

Wenn dieser Prozeß ungestört abläuft, lernen Kinder, Verantwortung für ihr Tun zu übernehmen und selbständig zu agieren. Ihr Selbstwertgefühl kann sich dadurch steigern (vgl. BLINKERT, B., 121).

**Über heutige Kindheit**

Erwachsene greifen - im Widerspruch zu dem beschriebenen Bedürfnis - viel zu oft in den beschriebenen Prozeß einer Handlung ein. Dies hat weitreichende Folgen; denn verwehrt man Kindern die Möglichkeit, Entscheidungen zu treffen, dann müssen sie keine Verantwortung tragen und lernen es auch nicht. Baldo Blinkert vermutet, daß Kinder deshalb so gerne draußen sind, weil sie dort ohne Erwachsene frei agieren können:

> *„Freiheit / Grenzen und Verantwortung haben Kinder früher im Freien gelernt, und sie können es heute noch am besten draußen lernen, weil andere Räume immer mehr von vorne herein materiell so gestaltet und normativ so geregelt sind, daß Kinder sich nur anpassen können." (BLINKERT, B., 118)*

Jörg Hoppe weist darauf hin, daß für Kinder die ständige Kontrolle durch Erwachsene bedrückende Realität geworden ist. 'Big brother is watching you' sei für die Kinder alltägliches Erleben. Daraus folgert er, daß es heute wichtig ist, Spielräume und Erfahrungsräume für Kinder zu schaffen, in denen sich diese auch einmal den wertenden Blicken der Erwachsenen entziehen können. Naturerfahrungsräume für Kinder, möglichst nah an den Wohngegenden, sind seine Antwort. Dem Erwachsenen kommt die Aufgabe zu, diese Räume zu realisieren und im Hintergrund den Kindern zur Verfügung zu stehen, ohne sie direkt zu kontrollieren (vgl. HOPPE, J. R., 122f.).

Regina Michael-Hagedorn stellt zusätzlich fest, daß Kinder heute häufig nicht mehr frei agieren können, weil Kindsein zunehmend an Anforderungen gekoppelt sei. Die

Kinder müßten sich in der konsum- und leistungsorientierten Welt letztendlich anpassen (vgl. MICHAEL-HAGEDORN, R. / FREIESLEBEN, K., 11).

Im *Wald* können Kinder wie Erwachsene eine Zeit lang Abstand von der konsum- und leistungsorientierten Welt nehmen. Wälder sind ein möglicher Naturerfahrungsraum für Kinder. Sie bieten viele Freiräume und Rückzugsmöglichkeiten.

Für Erlebnispädagogik im Wald, die u.a. zu Selbständigkeit und Verantwortung erziehen will, bedeuten die obigen Ausführungen, daß der Betreuer sich zu gegebenen Zeiten möglichst weit „zurückziehen“ sollte, damit die Kinder die Möglichkeit bekommen, sich selbst zu organisieren, um so letztendlich selbständig zu werden. Wie weit der Betreuer sich zurückziehen kann, hängt letztlich von der Gruppe ab. Insbesondere zu berücksichtigen ist, daß Kinder auch Grenzen insoweit brauchen, daß man sie keinen Gefahren aussetzen darf, die sie noch nicht überblicken bzw. bewältigen können oder die gesamte Gruppe überfordern.

### 3.1.4. Das Bedürfnis, die Welt zu entdecken und zu verstehen

Kinder wollen „die Welt“ verstehen. Ihr Wissensdrang, ihre Neugier und ihre Fähigkeit zu staunen hilft ihnen dabei. Sinnerfülltes Spielen, Nachahmen, Gestalten und Entdecken ermöglicht ihnen, ihre Umwelt und die Erwachsenenwelt Stück für Stück zu begreifen (vgl. KÖLLNER, S. / LEINERT, C., 14). Wer die Welt begreift, kann sich in ihr kompetent und selbstbewußt bewegen.

Für *Kinder heute* wird es zunehmend schwerer, die Welt zu verstehen. Ihrem natürlichen Bedürfnis wird immer weniger entsprochen. Sie können kaum noch erfahren, wie die Welt funktioniert, wie sich Leben erhält und wie eng der Mensch und die Natur miteinander verbunden sind. Hintergrund für diese Entwicklung ist die zunehmende Automatisierung: Immer mehr Menschen finden immer weniger an materieller, körperlicher und manueller Arbeit vor. Die Maschine hat die körperlichen Fähigkeiten weitgehend ersetzt und auch die Steuerung wird den Menschen zum Teil aus der Hand genommen (vgl. HOPPE, J. R., 116). Konkrete Arbeit ist den Blicken der Kinder entzogen, Staunen, Bezug und Betroffenheit gehen verloren[20].

Der *Wald* bietet Kindern die Möglichkeit, die Natur zu entdecken. Sie lernen dabei, einen Teil der Umwelt zu verstehen und sich kompetent in ihm zu bewegen. Alle in Kapitel 4 angegebenen Aktivitäten fördern diesen Prozeß. In der Natur bzw. im Wald lernt das Kind, mit Widrigkeiten umzugehen: das Wetter läßt sich nicht beeinflussen,

20 Statt dessen hat die Technisierung zu einem hohen Leistungs- und daraus resultierenden Konkurrenzdruck geführt, einem Druck, den Kinder inzwischen oft schon vor der Schulzeit zu spüren bekommen. *„Die berechtigte Angst der Eltern um die Zukunft der Kinder durchdringt das harmonischste Familienleben so wie der feinste Staub in der Wüste die Kleidung. Der Ernst des Lebens beginnt für Kinder nicht mehr mit der Schule, sondern in der Regel mit der Geburt.“*(HOPPE, J. R., 116)

die Jahres- oder Tageszeit nicht zurückschrauben. Das Kind erlebt, daß der Mensch noch nicht alle Dinge im Griff hat, wie es in der modernen Gesellschaft mit ihren immer gleichtemperierten und beleuchteten Gebäuden oft den Anschein hat (vgl. Tab. H. Wahrnehmen).

Bei entsprechender Anleitung kann das Kind im Wald auch erfahren, wie Mensch und Natur im ursprünglichen Sinne zusammenhängen. Das Sammeln und Verarbeiten von Pflanzen verdeutlicht, daß es immer noch die Natur ist, die uns ernährt, Heil- und Färbepflanzen bietet (vgl. Tab. D. Gesammelte Pflanzen verarbeiten ) und die wir nutzen, um uns wohnlich einzurichten (vgl. Tab. E. Bauen und Gestalten).

Der Wald bietet, beispielsweise bei Zeltlagern, außerdem die Möglichkeit, elementare Grundbedürfnisse des Menschen wieder kennen- und von anderen unwichtigeren unterscheiden zu lernen (vgl. Tab. I. Alltag unter einfachen Bedingungen erleben). Aufgrund der Konsumhaltung, insbesondere in den westlichen Ländern, und der damit verbundenen globalen Gefährdung dieser Welt, wegen der immensen Natur- und Umweltzerstörungen, bekommen Aktivitäten im Wald (als ein Stück - wenn auch gestaltete - Natur) auch deshalb eine zunehmende Bedeutung.

### 3.1.5. Das Bedürfnis, herzustellen und zu gestalten

Das Kind hat ein weiteres Bedürfnis: Es will die Welt in dem ihm möglichen Rahmen gestalten, verändern und etwas herstellen. Zutage tritt das Bedürfnis beispielsweise, wenn Kinder im Sand spielen, Höhlen und Buden bauen, im Flußbett Rinnsaale umleiten oder sich Steine zusammensuchen, um einen Feuerplatz zum Kochen zu gestalten. Akkommodation und Assimilation spielen bei diesem Handeln eine zentrale Rolle. Tätigkeit wird als kreativer Akt des Entdeckens erlebt, wobei die ungestaltete freie Natur diesem Gestaltungsdrang besser entgegenkommt, als alles vom Menschen künstlich Hergestellte. Für Kinder ist es z.B. auch viel spannender, selbst ein Baumhaus zu erstellen, als das vom Vater gebaute zu benutzen. Der Unterschied liegt im Wort: Hersteller oder Nutzer. Mit der Umsetzung des Bedürfnisses übt das Kind ein Verhalten, welches Menschen schon immer Überleben und Lebensqualität gesichert hat, denn der Mensch gestaltet die Umwelt so weit es geht nach seinem Willen (vgl. HOPPE, J. R., 119). Von allen Fachleuten wird betont, wie wichtig für Kinder im Vorschul- und Grundschulalter die Möglichkeit zum Herstellen ist. Kinder können dabei Selbstbewußtsein gewinnen, aber auch Einsicht in die Grenzen ihres Handelns bekommen. Kreativität und Phantasie werden gefördert. Außerdem lernen die Kinder Materialeigenschaften und physikalische Gesetzmäßigkeiten kennen. Herstellen ist im allgemeinen für Kinder eine lustvolle Tätigkeit. Der Vorgang selber ist meistens interessanter als der spätere Umgang mit dem fertigen Produkt. Zur Befriedigung dieses Bedürfnisses sind anregende und offene Aktionsräume wichtig (vgl. BLINKERT, B., 109).

*Kinder heute* sind bei fast allen Spielangeboten (mit Ausnahme von Bausteinen und Legos) in erster Linie zum Benutzer degradiert. Sie können nur noch mit Dingen umgehen. Wenn sie bei einem Spielzeug, wie z. B. einem funkgesteuerten Auto, den Prozeß des Herstellens genießen wollen, müssen sie den Prozeß rückläufig machen und es zerstören, wodurch im Grunde destruktive Phantasien gefördert werden. In einer Welt dagegen mit unfertigen Dingen, werden Kinder eher zum Herstellen angeregt (vgl. BLINKERT, B., 109).

Der *Wald* bietet eine Fülle von unfertigem natürlichen Material, welches die Phantasie anregt und Gestaltungsmöglichkeiten beinhaltet (vgl. Tab. C. Sammeln, E. Bauen und Gestalten). Im Wald werden die Kinder auch nicht durch Medien oder fertiges Spielzeug abgelenkt.

### 3.1.6. Das Bedürfnis zu spielen

Das Spiel nimmt im Leben von Kindern eine zentrale Rolle ein. Es gibt verschiedene Spieltheorien, die versuchen, die Bedeutung des Spiels für Kinder zu erklären:

- Die *psychoanalytische Theorie* beispielsweise nimmt an, daß Kinder Erlebnisse im Spiel verarbeiten. Im „Schonraum Spiel" können sie außerdem neue Sicht- und Handlungsweisen spielerisch erproben.
- Der *Sozialwissenschaftliche Bewältigungsansatz* ordnet das Spiel in den allgemeinen Rahmen der Sozialisation ein, in dem Erfahrungen gesammelt, Verhaltensmuster erlernt und der Umgang mit anderen Menschen geübt wird. Durch das Spiel kann die kindliche Phantasie einen Ausdruck finden. Außerdem wird die Kreativität des Kindes gefördert.
- Der *phänomenologische Spielansatz* ist auf das Spiel selbst gerichtet. Spiel ist hier Ausdruck von Lebensfreude, Lebenskraft und Spaß, also Selbstzweck (vgl. Horney und Lockenvitz in: CORLEIS, F., 60f.).

Petillon hat vier inhaltliche Gemeinsamkeiten von Spielen herausgearbeitet, die an dieser Stelle angedeutet werden sollen:

- Spiele ermöglichen ein *„so tun als ob"*. Dadurch können Verhaltensweisen ausprobiert werden, ohne daß ein mögliches Fehlverhalten von der sozialen Umgebung zur Rechenschaft gezogen wird.
- Spiel ist mit *positiven Emotionen* verbunden.
- Spielen läuft *zweckunbewußt* ab und ist damit ein Moment von besonderer Gegenwärtigkeit.
- Das Spiel ist von *intrinsischer Motivation* geprägt. Es spricht die Neugierde an, schafft Überraschungen und enthält Momente von Ungewißheit und Risiko (vgl. Petillon, H., 14ff.).

#### Über frühere und heutige Kindheit

Die Spielmöglichkeiten von Kindern haben sich in den letzten 50 Jahren stark verändert. Renate Michael-Hagedorn schreibt über vergangene Spielgelegenheiten:

*„Früher trafen sich Kinder unterschiedlichsten Alters ohne große Verabredungen auf der Straße, freien Höfen oder Parkplätzen. Dort spielten sie gemeinsam alte und neue Spiele wie Ballspiele, Gummitwist, Hüpfspiele, Verstecken usw.. Die Spielregeln wurden von den älteren an die jüngeren Kinder weitergegeben. In diesen Spielgruppen wurde ständig soziales Verhalten geübt. Absprachen mußten getroffen, Regeln mußten eingehalten werden, es mußte Rücksicht genommen werden. Dies geschah ohne Anleitung eines Erwachsenen, denn die Straße war das Reich der Kinder, in dem der Erwachsene nur störte.“ (MICHAEL-HAGEDORN, R. / FREIESLEBEN, K., 13)*

Bei heutigen Kindern fällt diese Art von Spiel, die für die Kinder soziale und psychomotorische Bedeutung hat, oft weg. Dies ist bedauerlich, denn Bewegungsspiele leisten beispielsweise neben Realitätserwerb und Aggressionsabfuhr einen Beitrag für das Vorstellungs-, Gefühls-, Phantasie- und Willensleben des Kindes (vgl. BAACKE, D., 136). Selten treffen sich die Kinder, wie beschrieben, noch zum Spielen auf der Straße. Die Ursache liegt vermutlich im verstärkten Automobilverkehr, der Verdichtung der Städte und den damit verbundenen geringeren Freiflächen. Kinder haben immer weniger Aktionsräume vor Ort. Verabredungen sind üblich und Aktivitäten wie Musikschule und Sport erschweren spontane Begegnungen. Nicht umsonst wird von verplanter Kindheit gesprochen. Baldo Blinkert hat bei Untersuchungen festgestellt, daß das heutige Kind im Durchschnitt nur noch 5% seiner wachen Zeit außerhalb der Wohnung mit freiem Spiel zubringt (vgl. BLINKERT, B.,106). Dies beeinflußt die Art der Spiel- und Erlebnismöglichkeiten stark. Vorgefertigtes Spielzeug, was der Förderung von Kreativität und Phantasie nicht dienlich ist und häufig wenig Bewegung zuläßt, tritt in den Vordergrund. Elektronische Spiele vom Tamagotchi bis zum Computer sind „wichtige“ Bestandteile der heutigen Kinderwelt (vgl. MICHAEL-HAGEDORN, R. / FREIESLEBEN, K., 11ff.).

**Möglichkeiten im Wald zu spielen und Folgerungen für die Arbeit im Wald mit Kindern**

Das Spiel stellt sehr viele Erlebnismöglichkeiten zur Verfügung. Es ist deshalb für Erlebnispädagogik im Wald mit Kindern unverzichtbar. Der Wald ist ein guter Spielraum. Die Räumlichkeit ist fast unbegrenzt. Kinder können toben, ohne wertvolles Mobiliar zu zerstören und auch einmal Lärm machen. Sie haben außerdem genügend Platz um sich gegebenenfalls auszuweichen (vgl. KÖLLNER, S. / LEINERT, C., 18f.). Regeln, an die man sich im Wald halten muß, sind gut überschaubar (vgl. MICHAEL-HAGEDORN, R. / FREIESLEBEN,K., 11).

Sabine Köllner und Cornelia Leinert weisen jedoch darauf hin, daß viele Kinder das freie Spiel ohne Spielzeug erst wieder lernen und deshalb behutsam dazu hingeführt werden müssen (vgl. KÖLLNER, S. / LEINERT, C., Vorwort).

Der Wald bietet die Möglichkeit, die alten Straßen- und Versteckspiele mit Kindergruppen aufzugreifen und so dem Bewegungsbedürfnis entgegenzukommen. Dem Bedürfnis nach Zusammenschluß in größeren Kindergruppen kann dadurch ebenfalls entsprochen werden. Durch gemeinsame Spiele im Wald werden zudem viel mehr Kommunikationsanlässe als z.B. bei festgelegten Brettspielen ermöglicht, da die Regeln immer wieder neu ausgearbeitet werden müssen (vgl. KÖLLNER, S. / LEINERT, C., 11ff.).

### 3.1.7. Das Bedürfnis, sich zu bewegen

Kinder haben einen natürlichen Bewegungsdrang: Von kleinauf sind sie in Bewegung: sie rollen, robben, krabbeln, drehen, laufen, rennen und springen. Sie suchen sich alles, um ihren Drang nach Bewegung auszuleben: im Haus sind es Tische und Stühle, draußen sind es Treppen, Bordsteine, Hügel, Pfützen und Bäume. Wenn sie einen Bewegungsablauf erlernt haben und ihn fast perfekt beherrschen, werden neue schwerere Abläufe ausprobiert (vgl. MICHAEL-HAGEDORN, R. / FREIESLEBEN, K., 17). Bewegung ist für die kindliche Entwicklung unerläßlich. Sie fördert geistige, psychische und körperliche Bereiche. Bereits das Selbstbewußtsein beim Kleinkind beginnt beispielsweise als körperliches Gefühl (vgl. KOHNSTAMM, R., 80). Im Zusammenspiel mit den Sinnen ermöglicht Bewegung letztendlich die Verbindung der Innenwelt des Kindes zur Außenwelt (vgl. MICHAEL-HAGEDORN, R. / FREIESLEBEN, K., 17f.)[21]. Beim spielerischen Ausleben des Bewegungsdrangs lernen Kinder, Risiken einzugehen. Sie erfahren und erweitern dabei die eigenen Grenzen. Die psychologische Forschung hat außerdem herausgefunden, daß die Selbsteinschätzung im Hinblick auf Risikohandlungen im körperlichen Bereich eine wichtige Voraussetzung für die Entwicklung von Leistungsmotivation ist (vgl. HOPPE, J. R., 118f.).

Bewegung fördert die Gesundheit: Die Muskulatur und der gesamte Bewegungsapparat entwickeln sich weiter. Die Kinder werden zunehmend sicherer im Klettern, Balancieren und Rennen, die Grob- und Feinmotorik verbessert sich (vgl. KÖLLNER, S. / LEINERT, C., 2f.).

Dem kindlichen Bedürfnis nach Bewegung wird *heute* nicht immer entsprochen. Das Resultat ist, daß viele Kinder bereits Defizite in der Psychomotorik haben. Sie bewegen sich ungelenk, haben Gleichgewichtsprobleme, Rückenschäden oder Fußdeformationen (vgl. MICHAEL-HAGEDORN, R. / FREIESLEBEN, K., 14). Untersuchungen über Kinderunfälle zeigen außerdem, daß eine adäquate Risikoeinschätzung heute immer weniger Kindern gelingt (vgl. HOPPE, J. R., 118f.). Diese Tatsachen sind auch auf mangelnde Bewegungsmöglichkeiten in Gebäuden zurückzuführen, in denen Kinder heute - im Gegensatz zu früher - den größten Teil ihrer Zeit verbringen. Die stundenlange Beschäftigung der Kinder - im Sitzen ohne Bewegung - mit Computern und Fernsehen ist vermutlich ebenfalls mit dieser Ursache verbunden (vgl. MICHAEL-HAGEDORN, R. / FREIESLEBEN, K., 11).

Im *Wald* kann das Bewegungsbedürfnis von Kindern „ohne Wände, Zäune, Verkehr und Mobiliar“ gut ausgelebt werden (vgl. MICHAEL-HAGEDORN, R. / FREIESLEBEN, K., 11). Bäume, Hecken und Äste bieten genügend anregendes Material, um

21 *„Kindsein heißt in Bewegung sein, heißt täglich neu entdecken“*(KÖLLNER, S. / LEINERT, C., 2).

sich neu auszuprobieren, zu klettern, zu rennen, zu balancieren, zu springen oder Hindernisse zu überwinden (vgl. Tab. F. und G. Spielen und Bewegen). Kinder lernen dabei, Risiken richtig einzuschätzen und Wagnisse einzugehen.

### 3.1.8. Das Bedürfnis, vielfältig wahrzunehmen

Das Kind hat, wie der Erwachsene auch, ein Bedürfnis, vielfältig sinnlich wahrzunehmen. Die Natur bietet viele Wahrnehmungsmöglichkeiten und der Mensch nimmt sie, solange sie angenehm sind, dankbar an. Nicht umsonst fahren die Menschen im Urlaub 'an die Sonne, ans Wasser, ins Grüne oder spüren den Sand, das Gebirge und die Luft'. Der Mensch hat eine sinnliche Ausstattung bekommen, um zu überleben, und er will sie auch nutzen (vgl. HOPPE, J. R., 119). Er ist mit vielen Sinnen ausgestattet. Es gibt in der wissenschaftlichen Diskussion unterschiedliche Meinungen über die Anzahl der Sinne. Gerhard Winkel geht in Anlehnung an Rudolf Steiner von zwölf Sinnen aus, die an dieser Stelle angesprochen werden sollen.

Die Orientierung über die Innenwelt umfaßt:
- den Vitalsinn, Lebenssinn;
- Gleichgewichtssinn;
- Tastsinn;
- Eigenbewegungssinn.

Die Orientierung über die Außenwelt umfaßt:
- Sehen, Gesichtssinn;
- Riechen;
- Schmecken;
- Wärmesinn.

Die Orientierung über die Menschenwelt, Mitmenschlichkeit umfaßt:
- den Tonsinn, Klangsinn, Gehörsinn;
- Lautsinn, Wort- oder Sprachsinn;
- Gedankensinn, Begriffssinn, Vorstellungssinn;
- Ich-Sinn (vgl. WINKEL, G., 163).

Im folgenden Absatz stehen - um den Rahmen dieser Arbeit nicht zu sprengen - die Sinne Sehen, Hören, Tasten, Riechen und Schmecken im Vordergrund. Jörg Hoppe schreibt über die Bedeutung der Sinne für den Menschen:

> *„Im jahrtausendlangen Prozeß hat der Mensch gelernt, die natürliche Welt zu erkennen und sich mit seinen Sinnen anzupassen. Weil er diese Fähigkeit hoch entwickelt hat und über die entsprechende sinnliche Ausstattung verfügt, ist er zur Höhe seiner Entwicklung gelangt. Wenn wir mit unserer Sinnesausstattung diese Welt wahrnehmen, können wir uns voll und reich fühlen. Je weniger wir uns für die Wahrnehmung sowohl unserer eigenen als auch äußeren Natur öffnen, desto weniger Entwicklung findet statt.“ (HOPPE, J. R., 119)*

Kinder brauchen also Möglichkeiten, ihre Sinne zu erleben und zu entwickeln. Erst über sinnliches Erleben und Begreifen wird die Welt letztendlich verstanden und können Begriffe gebildet werden. Ulrich Gebhard weist darauf hin, daß in zahlreichen Untersuchungen zur Kleinkindentwicklung immer wieder hervorgehoben wird, wie wichtig eine möglichst vielfältige Reizumgebung in bezug auf die menschliche wie nichtmenschliche Umgebung für die kognitive und emotionale Entwicklung des Kindes ist, wobei das Optimum zwischen allzu homogenen und vertrauten Reizen einerseits und allzu fremdartigen (furchterregenden) Reizen andererseits liegt (vgl. WINKEL, G., 69).

**Über die heutige Gesellschaft und die in ihr aufwachsenden Kinder**

Wir (und damit auch die Kinder) befinden uns in einem fortschreitenden Prozeß der Entsinnlichung. Im Grunde handeln wir damit unserem eigenen Bedürfnis, vielfältig wahrzunehmen, zuwider. Wilfried Fauth legt dar, welche Folgen die Technisierung für die Sinne der Menschen hat (vgl. FAUTH, W., 33):

> *„Es fehlt unserer Gesellschaft [..] der Bezug zu ursprünglichen, natürlichen und sozialen Erfahrungsbereichen, um der fortschreitenden Verkümmerung unserer Sinne entgegenzuwirken. Es fehlt ihr an fundamentalen, elementaren und sinnlichen Erlebnissen in der Natur und im Umgang mit ihresgleichen. Den direkten Umgang mit der Erde, zumeist geringschätzig als Dreck bezeichnet, meiden wir. Gegen Kälte und Hitze schützen wir uns wirksam mit Klimaanlagen. Sturm, Regen und Schneegestöber empfinden wir als Zumutung [...]. Aufzüge und Lifts nehmen uns die Mühe des Treppensteigens ab, und der Fortbewegung aus eigenen Kräften fühlen wir uns allenfalls beim modischen biking verpflichtet. Jede Annehmlichkeit schwächt uns und mit zunehmender Schwäche steigen unsere zivilisatorischen Ansprüche und damit unsere Abhängigkeit von der Welt des Habens. Die Entwicklung der Elektronik steigert unsere Möglichkeiten in dieser Welt des Habens ins fast Unvorstellbare. Allerdings bleibt dieser Prozeß nicht ohne Folgen, denn alle diese Annehmlichkeiten bringen uns immer mehr in Widerspruch mit der Natur - auch unserer eigenen - und entfremden uns ihr. Das Rauschen eines Baches, der Duft einer Sonnenblume, der phantastische Gesang der Amsel, die körperliche Sinnlichkeit sich im Herbst 'häutender' Plantanen, all dies und unendlich viel mehr entgeht uns. Für die Befindlichkeit unserer nächsten Mitmenschen, den Kollegen, die eigene Frau und die Kinder, haben wir keine Antennen mehr, denn wir haben sie weitgehend durch Satellitenschüsseln, Erdverkabelung und Walkman ersetzt." (FAUTH, W., 34)*

Die negative Seite der Technisierung, wie sie sich derzeit darstellt, führt, das wurde im Zitat deutlich, zur Verarmung der Wahrnehmung. Auch die Kinder leiden an dieser Entwicklung. Kindheit heute ist weitgehendst Kindheit aus zweiter Hand. Die unmittelbare sinnliche Erfahrung dieser Welt, in die die Kinder früher hineingehen und die sie erleben konnten, bleibt ihnen häufig verschlossen. Die materielle Welt läßt sich eben schlecht in Institutionen hineinholen, in denen die Kinder viel Zeit verbringen. Deshalb wird versucht, die weite Welt kleinzumachen: symbolisiert auf Photos, Bildern, in Geschichten, Skizzen und auf Bildschirmen. Kindheit heute ist von einseitiger „Sinneskost" geprägt. Augen und Ohren werden überbeansprucht, während andere Sinne enorm vernachlässigt werden (vgl. HOPPE, J. R., 116). Wegen der Unzahl an Medien (Radio, Fernseher, Video, Computer mit Internet,...) wird auch von

Reizüberflutung gesprochen. Kindheit wird nicht zuletzt dadurch immer mehr „verkopft“[22].

Der *Wald* spricht, wie in Kapitel 2.5. dargestellt, viele Sinne gleichzeitig an, ohne einen bestimmten zu überlasten. Er kann dem Bedürfnis, vielfältig wahrzunehmen, also gerecht werden. Mit Anleitung können den Kindern im Wald ihre vernachlässigten Sinne zusätzlich bewußt gemacht werden (vgl. Tab. H. Wahrnehmen).

### 3.1.9. Das Bedürfnis nach Gemeinschaft

Kinder sind sehr an anderen Kindern interessiert. Gruppen, in denen sie sich mit ihresgleichen zusammentun, vermitteln Sicherheit und Geborgenheit. Hier können außerdem wichtige soziale Kompetenzen erlernt werden. Spielerfahrungen von früher zeigen, daß Kinder sich in kleineren oder größeren Gruppen selber regulieren können (vgl. HOPPE, J. R., 118f.). Im schulpflichtigen Alter lernen sie zunehmend, die Wahrnehmungen anderer entsprechend einzuschätzen und mit ihren zu vergleichen. Es entwickelt sich u.a. Empathie und Kooperationsfähigkeit sowie die Bereitschaft, sich unter bestimmten Bedingungen altruistisch zu verhalten. Besonders das gemeinsame Spiel ist für soziales Lernen ein wichtiges Übungsfeld (vgl. BAACKE, D., 182).

*Kinder heute* haben in der Schule die Möglichkeit, sich in Gruppen zusammenzufinden. Wenn sie am Nachmittag nicht im Freien spielen, treffen sie sich privat meist nur zu zweit oder zu dritt. Sportliche Aktivitäten bieten außerdem die Möglichkeit, ein Team zu bilden[23].

Im *Wald* bieten sich Gruppenaktivitäten an. Die Gruppe ermöglicht in unbekannten Waldstücken ein Gefühl der Sicherheit. Weil sie im Wald von anderen Menschen relativ „abgeschottet“ ist, können sich die einzelnen Mitglieder außerdem stärker aufeinander einlassen.

### 3.1.10. Das Bedürfnis, friedlich für sich alleine zu sein

Jörg Hoppe geht davon aus, daß Kinder wie Erwachsene, von Zeit zu Zeit das Bedürfnis haben, friedlich für sich alleine zu sein. In der Natur könne dieses Bedürfnis wieder geweckt und befriedigt werden (vgl. HOPPE, J. R., 119).

---

22 Hoppe führt sogar weiter aus: *„Der Verlust der sinnlichen Erfahrungswelt, die Sinnhaftigkeit vermitteln und innerlich reich machen kann und die Kompensation durch Medien führt direkt in die Sucht und, was vielleicht noch gravierender ist, zum Verlust von Einfühlung und Betroffenheit. Der zusätzliche Streß, den Eltern weitergeben, und der Umweltstreß, führt zum Psychostreß der Kinder, zu Medikamentenmißbrauch, zu psychosomatischen Krankheiten, wie z. B. Hautkrankheiten und Allergien beim Kind“*(HOPPE, J. R., 116).

23 Unklar ist, inwieweit durch möglichen Leistungsdruck und Konkurrenzdenken, die Gruppengemeinschaft in Schule und Sport negativ beeinflußt wird.

Wer mit sich selbst allein sein kann, ist von anderen weniger abhängig, er weiß unbewußt, daß er mit sich selbst zurechtkommt und hat mehr Zeit für Reflexion.

Viele *Kinder heute* haben genau wie die meisten Erwachsenen Schwierigkeiten, friedlich für sich alleine zu sein. Vielleicht sind die Hektik und die vielen möglichen Ablenkungsmöglichkeiten heutzutage ein Symptom für diesen Zustand. Jörg Hoppe vermutet, daß Bedürfnisse, die angelegt sind, aber keine Möglichkeit der Entfaltung haben oder keine Notwendigkeit, gebraucht zu werden, verkümmern. Deshalb ginge dieses Bedürfnis leicht unter (vgl. HOPPE, J. R., 119).

Der *Wald* bietet Kindern vielfältige Möglichkeiten, sich zurückzuziehen, sei es an einem schönen Plätzchen zu sitzen oder die Welt von einem Baum aus von oben zu betrachten. Die Kinder können sich in Ruhe in eine Beschäftigung vertiefen, ohne abgelenkt zu werden. Man kann sie durch Übungen auch wieder an dieses zufriedene Alleinsein mit sich und der Natur heranführen (vgl. Tab. E. Bauen und Gestalten; C. Sammeln; M. Musik machen / Künstlerisch gestalten; K. Meditieren).

### 3.1.11. Das Bedürfnis, Erlebtes, Stimmungen und Gefühle auszudrücken

Kinder wollen, wie Erwachsene auch, ihre Erlebnisse mitteilen und ihre Gefühle und Stimmungen nach außen tragen. Sprache, Kunst, Musik und Theater sind für sie wichtige Ausdrucksmittel. Die Kinder können durch den Ausdruck Erlebtes verarbeiten, reflektieren und so verinnerlichen, daß sie es letztendlich verstehen (vgl. NEUBERT, W., 24).

Die Möglichkeit *heute*, Erlebtes auszudrücken, ist von Kind zu Kind sehr unterschiedlich. Das Elternhaus und die Schule sind dabei wichtige Einflußgrößen:

- So nehmen sich manche Eltern Zeit, ihrem Kind zuzuhören, andere weniger.
- In manchen Schulen bemühen sich Lehrer durch einen täglichen Morgenkreis, den Kindern Raum zu geben, damit sie über Erlebtes und ihre Verfassung berichten können, in anderen nicht. Trotzdem vermuten wir, daß aufgrund des Stoffdrucks überwiegend wenig Zeit für Reflexion bleibt. Die geringe Stundenzahl in künstlerischen Fächern stützt diese These.

Im *Wald* kann das genannte Bedürfnis berücksichtigt werden. Es ist kein Zeit- oder Leistungsdruck vorhanden und mit entsprechender Anleitung können Gruppengespräche stattfinden, musiziert, Theater gespielt oder künstlerische Betätigungen ermöglicht werden (vgl. Tab.: F. Spielen; L. Geschichten hören, erzählen und selber erfinden; M. Musik machen, Künstlerisch gestalten, Theater spielen; N. Feste feiern; O. Gruppengespräche).

### 3.1.12. Das Bedürfnis, mit der Natur verbunden zu sein[24]

Die kindliche Entwicklung ist nicht nur von sozialen und personalen Bedingungen, sondern auch von der gegenständlichen Umwelt abhängig. Die Beziehung von Kind und Natur ist leider noch nicht hinlänglich erforscht und immer noch ein breites Diskussionsfeld (vgl. Gebhard, U., 69). Einige Tendenzen lassen sich dennoch bereits festhalten.

#### Anmerkung zur Beziehung von Kind und Natur

Kinder haben die Fähigkeit, die Natur noch wertfrei und ursprünglich zu erleben (vgl. KÖLLNER, S. / LEINERT, C., Vorwort). Interessant ist, daß sie die Umwelt bis in die Grundschule hinein animistisch besetzen. Nichtmenschliche Objekte (Tiere, Pflanzen, Gegenstände) werden also oft beseelt (vgl. GEBHARD, U., 37). Ulrich Gebhard setzt sich dafür ein, das Recht des Kindes zu wahren, Naturphänomene auch animistisch-anthromorph zu deuten und gleichzeitig die naturwissenschaftliche Sicht der Dinge zu lernen:

> *„Es gilt, die Spannung zwischen beiden Seiten auszuhalten, ohne sich auf eine Seite zu schlagen." (GEBHARD, U., 53)*

Dabei stützt er sich auch auf Wagenschein, der sagt:

> *„Wenn wir die äußere Schicht stärken wollen, so müssen wir zuerst die innere anreden und anregen. Was außen anwachsen soll, müssen wir von innen heraus wachsen lassen. Das magische Denken bleibt also weiterhin eine schöpferische Potenz, von der her wir die äußeren Schalen des geistigen Wachstums aufbauen können." (Wagenschein zit. bei: GEBHARD, U., 54)*

Untersuchungen zeigen, daß Kinder das Spiel in der freien Natur bevorzugen. Otterstädt stellte 1962 fest, daß Plätze mit Wasser an erster Stelle der Beliebtheit stehen. Danach sind Örtlichkeiten im Interesse von Kindern, die Abwechslung bieten, auf kurze Entfernung hin wechselvoll sind, Verstecke beinhalten, Unbekanntes, Entdeckbares einschließen und die Neugierde und den Wissensdurst befriedigen können. Nach Otterstädt bevorzugen Kinder vor Wohngebäuden und der Straße die nicht unter Kontrolle genommene Natur: Wiese mit Gebüschen und Bäumen sowie Wald bzw. Waldrand mit Dickicht (vgl. GEBHARD, U., 65).

#### Bedeutung des Bedürfnisses, mit der Natur verbunden zu sein

Alexander Mitscherlich war der festen Überzeugung daß der junge Mensch „seinesgleichen", nämlich Tiere und Elementares wie Wasser, Dreck, Gebüsche und Spielraum, benötige. Nur auf diese Weise könne er seine seelischen Fähigkeiten voll entfalten. Ulrich Gebhard weist darauf hin, daß das Ergebnis von Mitscherlichs früher Untersuchung letztendlich ein Glaubensbekenntnis ist, allerdings einen wahren Kern enthalte (vgl. GEBHARD, U., 65). Er kommt zu dem Ergebnis, daß Naturerfahrungen zwei bedeutende Ebenen beinhalten:

---

24 Das Kind ist immer auch Teil der Natur. Zur vereinfachten Beschreibung wird die Trennung zwischen Natur und Kind in diesem Kapitel dennoch beibehalten.

*„Zum einen scheinen sie die seelische Entwicklung eher zu fördern, zum anderen sind sie auch eine Bedingung dafür, sich für den Erhalt der Natur bzw. der Umwelt einzusetzen. Nur wenn Kinder eine Beziehung zur Natur entwickeln, können sie ihre Zerstörung [auch als Erwachsene später] wahrnehmen." (GEBHARD, U., 73)*

Fischer und Lehner führen genauer aus, worin das Besondere der Naturerfahrung liegt: Die natürlichen Strukturen seien vor allem durch ihren Doppelcharakter von ständigem Wechsel und Kontinuität für die psychische Entwicklung günstig. Die Natur ist ständig neu (z.B. der Wechsel der Jahreszeiten), und doch bietet sie die Erfahrung von Verläßlichkeit und Sicherheit (beispielsweise überdauert der Baum im Garten die Zeitspanne der Kindheit). Neben diesem Doppelcharakter rege die Vielfalt der Formen, Materialien und Farben die kindliche Phantasie an, sich mit der Welt und auch mit sich selbst zu befassen (vgl. SCHEMEL, H.-J., 222). Befunde der Psychologie zur Mensch-Natur-Beziehung fassen heute folgende, sehr wahrscheinliche Thesen zusammen:

- *„Naturobjekte haben als Spielobjekte eine wichtige Bedeutung.*
- *Erleben von Natur kann Orientierung bieten und ein Erkennen eines eigenen Standpunktes im System der Welt sein.*
- *Das Erleben von Natur fördert soziale Kontakte in verschiedenen Bereichen.*
- *Eine intensive Beziehung zu natürlichen Umwelten kann die autonome Handlungsfähigkeit, die kognitive Entwicklung sowie die Kreativität fördern.*
- *Um eine Beziehung zur Natur herstellen zu können, muß das Kind konkrete Naturerfahrungen gemacht haben"(SCHEMEL, H.-J., 222).*

**Bedeutung für den Umweltschutz**

Ulrich Gebhard stellt sich gegen Befürchtungen von Umweltschützern, Kinder würden durch impulsives und schonungsloses Handeln die eigentlich zu bewahrende Natur in ihrem Spiel zerstören. Die Zerstörung von Ökosystemen habe andere Ursachen als das Kinderspiel. Die Auseinandersetzung mit der Natur sei meistens eher sanft, ein Experimentieren und Erforschen. Er verweist auf den Ökologen Remmert, der zu Recht fürchte, daß Kinder zu wenig oder nur eingeschränkte Erfahrungen in der Natur machen können, wenn die Naturschutzvorschriften allzu streng angewandt würden. Die Gefahr sei nämlich eine andere: Kinder würden so nur die Situation im Wald, im Feld, am Wasser einschätzen als 'alles ist verboten'. Die Folge davon wäre eine Generation, der jeglicher Sinn für Natur und Naturschutz fehlen muß (vgl. GEBHARD, U., 67). Kinder und Jugendliche, die Gelegenheiten zu lustbetontem Naturkontakt hatten, neigen auch als Erwachsene eher zur Wertschätzung von Natur (vgl. SCHEMEL, H.-J., 216). Boje Maaßen weist in Anlehnung an Janßen darauf hin, daß der Prozeß zu einem Umweltbewußtsein *von Natur erleben, über beschreiben, erklären und verstehen verläuft*. Naturerleben bildet also die emotionale Grundlage für alles weitere. Diese kann und sollte schon in der Kindheit gelegt werden (vgl. MAAßEN, B., 79). Hans Göpfert erklärt den Begriff *Naturerlebnis* wie folgt:

*„Der Mensch läßt sich mit seiner Empfindungswelt auf Natur ein, er erlebt ganzheitlich Natur, wobei viele Sinne einbezogen sind. So erlebt er Schönheit, Faszination, Formen- und Artenreichtum, Licht und Schatten, Wind und Sturm, Sanftheit, Wildheit*

*und Mächtigkeit, Charme und Großartigkeit der Natur, wobei er auch die Natur um sich herum mit der seinen als Einheit zu erleben vermag." (GÖPFERT, H., 169)*

Zur Anbahnung von Naturerlebnissen bzw. Naturerfahrungen wird heute die *aktive Naturaneignung* bei Kindern als Notwendigkeit angesehen[25]. Eine auf diese Weise ganzheitlich orientierte Pädagogik (lernen mit Herz, Hand und Kopf) versucht in bezug auf Umweltbildung, Naturerlebnisse zu reflektieren.

Naturerlebnisse mit Pädagogik in Verbindung zu bringen, bedeutet eine methodische Anregung, Anleitung und Steuerung, so daß damit die Wahrnehmung der Naturphänomene beeinflußt werden kann. Frank Corleis drückt mit dem Begriff einer „*Naturerlebnispädagogik*" neben dieser methodischen Steuerung insbesondere auch die Reflexion über das Erlebnis in der Natur aus. Daher betont diese begriffliche Verbindung von „Naturerleben und Pädagogik" die Ansprache von vielfältigen Lernkanälen und Auslösung von Lernprozessen (vgl. CORLEIS, F., 47).

**Über heutige Kindheit**

Hartmut v. Hentig beschreibt treffend über fehlende aktive Naturaneignungsmöglichkeiten für heutige Kinder:

> *„Kindheit heute ist Stadtkindheit, eine Kauf- und Verbraucherkindheit, eine Spielplatzkindheit, eine Verkehrsteilnehmerkindheit. Ihr fehlen elementare Erfahrungen: ein offenes Feuer machen, ein Loch in die Erde graben, auf einem Ast schaukeln, Wasser stauen, ein großes Tier beobachten, hüten, beherrschen. Das Entstehen und Vergehen der Natur, die Gewinnung von Material zu brauchbaren notwendigen Dingen [...] werden dem Kind - wie den meisten Erwachsenen vorenthalten." (Hentig, H. v. zit. bei: SCHEMEL, H.- J., 218)*

**Möglichkeiten sich im Wald mit der Natur verbunden zu fühlen**

Der Wald wird von Menschen heute oft mit Natur gleichgesetzt, obwohl Wälder in Deutschland von menschlichem Denken, Planen und Wollen geprägt sind (vgl. Kap. 2.1. und Kap. 2.5.). Der übliche Wald ist immer noch der Wirtschaftswald, wobei individuellen Unterschiede zu berücksichtigen sind.

Trotzdem kann festgehalten werden, daß der Wald der Natur, im Gegensatz zu normalen Agrarflächen, einen viel größeren Freiraum bietet (vgl. SEELAND, K.,177). Andere Naturflächen sind in Deutschland sehr rar und wenn, dann meistens Naturschutzgebiete und somit für Aktivitäten mit Kindern eher ungeeignet. Die eigentlichen Naturlandschaften (wie Gebirge oder See) sind fast immer mit langen Anfahrtswegen verbunden, und somit Erlebnisse auf Zeit in einem besonderen Ferienrahmen.

---

25 Unter Naturaneignung versteht man die selbstbestimmte, aktiv- schöpferische Auseinandersetzung mit Naturmaterialien und -kräften, wie Erde, Gesteine, Wasser, Pflanzen, usw. Dazu gehört das konkrete Gestalten mit festen Materialien oder Wasser (z.B. Erde graben oder formen, mit Steinen und Ästen bauen, mit Pflanzenteilen basteln, Dämme, Rinnen, Wasserfälle bauen), aber auch das Klettern auf Felsen und Bäumen, das Balancieren auf Baumstämmen oder das Waten in Bächen und Tümpeln (vgl. SCHEMEL, H.-J., 223).

*Knapp ein Drittel der Fläche Deutschlands ist bewaldet. Da Wälder in Deutschland überall leicht erreichbar und zu den einzigen großflächigen Orten gehören, in der Natur heute erlebt werden kann, bietet der Wald einen unverzichtbaren Raum für Naturerfahrungen.*

Klaus Seeland stellt fest, daß der Wald deshalb heute für den Menschen, und damit auch für Kinder, zu dem Mittler der Natur schlechthin wird, da er sich als stadtnahe Gegenwelt darstellt (vgl. SEELAND, K.,181). Naturnah bewirtschafteten Wäldern kommt in diesem Zusammenhang eine Schlüsselrolle zu.

**Der Vorteil des Waldes für Outdoor-Erlebnispädagogik**

Der Vorteil des Waldes für naturerlebnispädagogisch ausgerichtete Maßnahmen, liegt darin, daß der Wald die Möglichkeit bietet, Outdoor-Erlebnispädagogik vor Ort durchzuführen, wobei diese kostengünstig und nicht an bestimmte Zeiten wie Ferien gebunden ist. Damit kann Erlebnispädagogik in der Natur regelmäßig stattfinden. Auch die Möglichkeit für kontinuierliche Gruppen ist vor Ort gegeben, was für die Persönlichkeitsbildung im Hinblick auf das soziale Miteinander und die emotionale Stabilität des Kindes eine besondere Chance darstellt. Grundsätzlich können außerdem mehr und verstärkt Kinder aus allen Gesellschaftsschichten erreicht werden.

## 3.2. Der Wald entspricht allgemeinen Bedürfnissen von Kindern

Es konnte gezeigt werden, daß im Wald verschiedene Bedürfnisse von Kindern befriedigt werden können und sich für Kinder reichhaltige Erlebnismöglichkeiten bieten, die meistens im Spiel gewonnen werden. Zusammenfassend kann folgendes festgehalten werden:

Im Wald kann dem Bedürfnis:

- nach *Geborgenheit, Liebe und Sicherheit* entsprochen werden, da sich die meisten Kinder in der Natur und in einer Gruppe - vorausgesetzt, es wird auf ein gutes Gruppenklima geachtet - geborgen fühlen (vgl. Kap 3.1.1).
- nach *Spannung, Erlebnis, Abenteuer und Risiko* entsprochen werden. Besonders die beschriebenen Erlebniswelten der Grundschulzeit:

  *Jäger und Sammler; ein eigenes Haus bauen; Pflegen und Hüten; Entdecken und Erfinden; Handwerk und Handel; Freundschaften, Gruppen und Banden; Körpererfahrungen und Phantasiewelten* können im Wald gut ausgelebt werden (vgl. Kap. 3.1.2.).
- nach *Freiheit / Grenzen, Selbständigkeit und Verantwortung* entsprochen werden. Die Kinder können im Wald in gestecktem Rahmen frei agieren (vgl. Kap. 3.1.3.).
- *die Welt zu entdecken und zu verstehen,* entsprochen werden. Über das vielfältige Angebot im Wald können die Kinder die Umwelt wahrnehmen und sie erleben, wobei die Erlebnisse allmählich zu Erfahrungen werden und sich Fragen zur Umwelt (Natur mit Pflanzen und Tieren, Wetter, Jahreszeiten) auftun, die

letztendlich zu Erkenntnissen führen. „Die Welt" kann also ein Stück mehr begriffen werden. Insbesondere die enge Verbundenheit von Natur und Mensch kann im Wald deutlich werden (vgl. Kap. 3.1.4.).

- *herzustellen und zu gestalten,* entsprochen werden, denn der Wald bietet mit seiner Fülle von Material Raum für Phantasie und produktives Tätigsein (vgl. Kap. 3.1.5.).
- *zu spielen* entsprochen werden. Bewegungs,- Abenteuer- und Naturerfahrungsspiele sind dabei hervorhebend zu nennen (vgl. Kap. 3.1.6.).
- *nach Bewegung* entsprochen werden. Der Wald ist ein weiträumiges Gelände. Es bieten sich zahlreiche Kletter- und Balanciermöglichkeiten. Das Kind kann Risiken eingehen und sich selbst einschätzen lernen (vgl. Kap. 3.1.7.).
- *nach vielfältiger Wahrnehmung* gerecht werden. Unterschiedliche Sinne werden angesprochen. Dadurch entsteht keine einseitige Belastung (vgl. Kap. 3.1.8.).
- *nach Gemeinschaft und friedlich für sich allein sein* entsprochen werden. Im gemeinsamen Tun und Spiel entstehen Gemeinschaftserlebnisse (vgl. Kap. 3.1.9.). Gleichzeitig können sich Kinder im Wald zurückziehen und auf sich besinnen (vgl. Kap. 3.1.10.).
- *Erlebtes und Gefühle auszudrücken* entsprochen werden. Im Wald ist Zeit und Raum für Gespräche, Geschichten, Kunst, Musik und Theater (vgl. Kap. 3.1.11.).
- *nach Verbundenheit mit der Natur* entsprochen werden. Vor dem Hintergrund der globalen Natur- und Umweltzerstörung ist dieser Wert nicht hoch genug einzuschätzen (vgl. Kap. 3.1.12.).

Damit bestätigt sich die These b) aus Kapitel 1.4.:

*Der Wald und die in ihm möglichen Aktivitäten entsprechen den Bedürfnissen von Kindern.*

## 3.3. Verhalten von Kindern im Wald

Nachdem gezeigt wurde, daß der Wald ausgesprochen vielen kindlichen Bedürfnissen in der theoretischen Betrachtung entspricht, soll an dieser Stelle ein Bericht von einem Waldkindergarten eingeschoben werden, der darstellt, wie sich Kinder im Wald verhalten, wenn sie sich regelmäßig in ihm aufhalten.

Erzieherinnen von Waldkindergärten berichten, daß Kinder beim Spielen in der Natur ausgeglichen und zufrieden sind. Sie würden beispielsweise „Freundschaft" mit Bäumen und Schnecken schließen und sich gegenseitig auf Entdecktes aufmerksam machen. Insbesondere ihre Phantasie würde gefördert: Von Kaufmannsladen, Puppenspiel, Baustelle oder Memory werde alles gespielt und die Kinder würden Waldmaterialien wie Rinden und Blätter in ihr Spiel einbeziehen. Das soziale Miteinander ist nach Aussagen von Erzieherinnen im Wald sehr ausgeprägt: Zum Beispiel werde gemeinsam Essen geteilt und würden Äste geschleppt. Es sei viel Zeit für Gespräche (vgl. KÖLLNER, S. / LEINERT, C., 13). Der Wald strahle Ruhe aus und diese übertrage sich auf die Kinder. Gewöhnlich erobern sich Kinder den Wald schrittweise: am Anfang verweilen sie eng am Stammplatz der Gruppe, um von dort ausgehend den weiteren Raum kennenzulernen.

Bei einer Befragung in einem Waldkindergarten wurden die Eltern gefragt, was die Kinder im Wald besonders gerne machen. Die Antworten waren:

Häuser bauen, im Dreck buddeln, auf Bäume klettern, basteln und spielen mit Naturmaterialien, sich frei bewegen können und gemeinsame Spiele.[26]

Der Aufenthalt im Waldkindergarten kann - so die Meinung vieler Waldkindergärtnerinnen und Eltern - für die Natur sensibilisieren, auf das Sozialverhalten, die Gesundheit und auf die gesamte Entwicklung des Kindes positiv Einfluß nehmen.

Pädagogisch sinnvoll durchgeführte Aufenthalte im Wald mit anderen Gruppen, beispielsweise mit Grundschülern, haben mit Sicherheit ebenfalls positiven Einfluß auf die Persönlichkeitsentwicklung. Eine Evaluierung zu diesem Thema ist uns leider nicht bekannt und wäre wünschenswert. Eine positive Prägung hängt von der Fülle an positiven Erlebnissen im Wald ab, wobei bezogen auf Erlebnispädagogik die Aktivitäten, die Gruppenkonstellation, die Kontinuität der Waldaufenthalte und das Verhältnis zum Betreuer eine entscheidende Rolle spielt.

## 3.4. Im Wald kann die gesamte Persönlichkeit des Kindes angesprochen werden

Da Bedürfnisse u.a. durch Aktivitäten befriedigt werden, kann die beschriebene Bedeutung der Bedürfnisse für die kindliche Entwicklung mit der Bedeutung von Aktivitäten für die kindliche Entwicklung in Zusammenhang gebracht werden. Aus diesem Grund ergibt sich aus Kap. 2. und Kap. 3. im Grunde rekursiv die Bedeutung der in Kap. 2 entwickelten Aktivitäten für die kindliche Entwicklung. Zur besseren Übersicht sind die Aktivitäten tabellarisch zusammengefaßt.

---

26 Auf die Frage, ob die Eltern Veränderungen an ihrem Kind festgestellt haben, wurde u.a. geantwortet:

- das Kind ist aufmerksamer in der Natur;
- es hat einen selbstverständlichen Umgang mit der Natur auch beim Spielen zu Hause;
- es interessiert sich für jedes noch so kleine Tier;
- das Kind nimmt mehr Rücksicht;
- es hat in der Gruppe doch noch Schwierigkeiten;
- es ist offener für alles;
- es ist sehr selbständig;
- es bekam Selbstvertrauen;
- es ist gesünder (vgl. KÖLLNER, S. / LEINERT, C., 16f.).

## Tab. 1.: Förderung der gesamten Persönlichkeit

| *Aktivitäten mit möglichen Erlebnissen* | *Individuelle Erträge* | *Psycho-motorische Entwicklungs-möglichkeit* | *Emotionale Entwicklungs-möglichkeit* | *Soziale Entwicklungs-möglichkeit* | *Kognitive Lern-möglichkeit* |
|---|---|---|---|---|---|
| **A. Pflanzen entdecken**<br>Naturerlebnis | - Beobachten lernen | - sorgsamer Umgang mit Pflanzen<br>- Feinmotorik | - Naturverbundenheit<br>- Identifikation mit der Natur<br>- Faszination über das Leben<br>- Verantwortungsbewußtsein | - gemeinsam entdecken<br>- sich gegenseitig mitteilen | - Pflanzen unterscheiden und kennen<br>- wissen, für was sie nützlich sein können |
| **B. Tiere entdecken und beobachten**<br>Naturerlebnis | - Konzentration auf eine Sache<br>- Beobachten lernen<br>- still sein können | - behutsamer Umgang mit Tieren<br>- Feinmotorik | - Naturverbundenheit<br>- Identifikation mit der Natur<br>- Faszination über das Leben<br>- Verantwortungsbewußtsein | - gemeinsam entdecken<br>- sich gegenseitig mitteilen | - Tiere unterscheiden, kennen und über ihre Verhaltensweisen etwas wissen<br>- Bedeutsamkeit für den Wald erkennen |
| **C. Sammeln**<br>Naturerlebnis<br>Selbsterlebnis | - Phantasie | - Feinmotorik | - Identitätsfindung<br>- Selbstbewußtsein<br>- Freude an Naturmaterialien | - sich gegenseitig mitteilen | - Objekte des Waldes kennen, unterscheiden und ordnen lernen |
| **D. Gesammelte Pflanzen verarbeiten**<br>Selbsterlebnis<br>Erfolgserlebnis<br>Naturerlebnis | - Selbständigkeit<br>- Kreativität<br>- etwas leisten können | - Produktivität<br>- Grob- und Feinmotorik | - Selbstbewußtsein | - gemeinsame Schaffensfreude<br>- Kooperationsfähigkeit | - Kenntnisse über die Verwendung von Pflanzen erwerben<br>- Einsicht über die Notwendigkeit der Natur für den Menschen erlangen |

| ***Aktivitäten mit möglichen Erlebnissen*** | ***Individuelle Erträge*** | ***Psycho-motorische Entwicklungs-möglichkeit*** | ***Emotionale Entwicklungs-möglichkeit*** | ***Soziale Entwicklungs-möglichkeit*** | ***Kognitive Lern-möglichkeit*** |
|---|---|---|---|---|---|
| **E. Bauen und Gestalten**<br><br>Selbsterlebnis<br>Erfolgs-erlebnis | - Kreativität<br>- Phantasie<br>- etwas leisten<br>- Selbständig-keit<br>- Eigen-initiative<br>- Selbstüber-windung<br>- Einsicht in Grenzen | - Grob- und Feinmotorik<br>- handwerk-liches Geschick (schnitzen, sägen,...)<br>- Fertigkeiten | - Förderung des Selbstwert-gefühls<br>- Selbstbewußt-sein<br>- Stolz<br>- Lust<br>- Erlebtes ausdrücken | - gemeinsame Schaffens-freude<br>- Kooperations-fähigkeit<br>- gemeinsames Planen von Vorhaben | - Kenntnisse über Bau-materialien<br>- über Her-stellungs-methoden<br>- physika-lische Gesetz-mäßigkeiten |
| **F. Spielen**<br><br>Gruppen-erlebnis<br>Selbsterlebnis<br>Erfolgs-erlebnis | - Kreativität<br>- Phantasie<br>- Selbständig-keit<br>- Selbst-initiative<br>- Verlieren lernen | - Grob- und Feinmotorik<br>- Körper-erfahrung | - Freude, Spaß, Lust<br>- Selbstwert-gefühl<br>- Selbstbewußt-sein<br>- Identitäts-findung | - soziale Kompetenz<br>- menschliche Anteilnahme | - Einsichten über sich selbst, andere Menschen und die Umwelt |
| **G. Bewegen**<br><br>Selbsterlebnis | - Selbständig-keit<br>- Mut<br>- Förderung der Leistungs-motivation | - Förderung der Körpersinne<br>- Formung des Körpergefühls<br>- sich im Gelände orientieren<br>- Einschätzen von Risiken<br>- Grob- und Feinmotorik | - Freude, Spaß, Lust<br>- Selbstbewußt-sein<br>- Identitäts-findung | - Freude an gemeinsamen Aktivitäten | - Einsicht über die Möglich-keiten und Grenzen des eigenen Körpers<br>- Bewußtsein über die Verletzlich-keit des eigenen Körpers |
| **H. Wahrnehmen**<br><br>Selbsterlebnis<br>Nacherlebnis<br>Naturerlebnis | - Kreativität<br>- Beobachten | | - Erlebnisfähig-keit<br>- Freude am Leben | - Menschliche Empathie und Anteilnahme<br>- kooperatives Verhalten | - Einsicht über die vielfältigen Facetten dieser Welt, (das Individuum selbst, andere Menschen oder die Umwelt betreffend) |

| *Aktivitäten mit möglichen Erlebnissen* | *Individuelle Erträge* | *Psycho-motorische Entwicklungs-möglichkeit* | *Emotionale Entwicklungs-möglichkeit* | *Soziale Entwicklungs-möglichkeit* | *Kognitive Lern-möglichkeit* |
|---|---|---|---|---|---|
| **I. Alltag unter einfachen Bedingungen erleben**<br>Selbsterlebnis<br>Naturerlebnis<br>Gruppen-erlebnis | - Selbständig-keit<br>- Eigen-aktivität<br>- Kreativität<br>- Selbstüber-windung | - Grob- und Feinmotorik | - Identitäts-findung<br>- Verantwortungs-bewußtsein<br>- Selbstwert-gefühl | - für den anderen sorgen<br>- teilen | - Vorteile und Notwendig-keit des Zusammen-arbeitens erkennen |
| **K. Meditieren**<br>Selbsterlebnis<br>Naturerlebnis | | - Körperbewußt-sein | - Identitäts-findung<br>- emotionales Gleichgewicht<br>- mit sich selbst allein sein können | - die Auseinan-dersetzung mit sich selbst hat Einfluß auf das soziale Verhalten | - über sich nachdenken und reflektieren |
| **L. Geschichten hören, erzählen und selber erfinden**<br>Nacherlebnis | - Kreativität<br>- Phantasie<br>- Produktivität | | - Identitäts-findung durch Rollenwechsel<br>- Selbstwert-gefühl | - Förderung der Gemeinschaft<br>- Geborgenheit erfahren | - den Wald mit seinen Sagen und Märchen als Kulturgut kennen-lernen<br>- sprachlich gewandt werden |
| **M. Musizieren/**<br>**Künstlerisch Gestalten/**<br>**Theater Spielen**<br>Gruppen-erlebnis<br>Selbsterlebnis<br>Erfolgs-erlebnis | - Eigen-initiative<br>- Kreativität<br>- Phantasie | - bei Musik: Instrumental-spiel bzw. Stimme wird gefördert<br>- bei Kunst: künstlerische Fertigkeiten werden gefördert<br>- bei Theater: körperlich/ sprachliche Ausdrucks-kraft und Körperbewußt-sein | - bewußter Erlebnis-ausdruck<br>- emotionales Gleichgewicht<br>- Identitäts-findung<br>- Selbstbewußt-sein<br>- Freude über das eigene Gestalten<br>- Freude am Moment: an der Musik/ der Kunst/ am Theaterspiel | Bei gemein-schaftlicher Ausführung:<br>- gemeinsame Schaffens-freude<br>- Kooperations-fähigkeit<br>- Gemeinschaft erfahren<br>- gegenseitige Verantwortung | - sich musikalisch/ künstlerisch/ sprachlich/ spielerisch weiter-entwickeln<br>- Erlebtes verarbeiten |

| Aktivitäten mit möglichen Erlebnissen | Individuelle Erträge | Psycho-motorische Entwicklungs-möglichkeit | Emotionale Entwicklungs-möglichkeit | Soziale Entwicklungs-möglichkeit | Kognitive Lern-möglichkeit |
|---|---|---|---|---|---|
| **N. Feste Feiern**<br><br>Gruppen-erlebnis<br>Selbsterlebnis<br>Erfolgs-erlebnis | - Kreativität<br>- Phantasie<br>- Selbst-initiative<br>- Selbständig-keit<br>- Selbstüber-windung | - etwas leisten | - Freude, Spaß und Lust<br>- Selbstbewußt-sein<br>- Identitäts-findung<br>- Verantwortungs-bewußtsein | - gemeinsame Schaffens-freude<br>- kooperative Verhaltens-weisen<br>- Sozialkom-petenz<br>- Gemeinschaft erfahren | - Organisation und Planung von Projekten |
| **O. Gruppen-gespräche**<br><br>Gruppen-erlebnis<br>Nacherlebnis<br>Selbsterlebnis | - seine Meinung einbringen, lernen, sich abgrenzen zu können<br>- sprachlich gewandt werden<br>- Problem-orientierte Konflikt-lösung | | - sich zu einer Gruppe zugehörig fühlen<br>- Identitäts-findung<br>- emotionales Gleichgewicht | - Kooperations-fähigkeit<br>- lernen, miteinander zu sprechen und aufeinander einzugehen<br>- Ablösung vom Egozentrismus<br>- Einübung von Demokratie | - gemein-sames Planen von Vorhaben<br>- Reflexion von Gruppen-prozessen<br>- gegenseitige Wissens-vermittlung<br>- Denkfähig-keit |

Durch diese Übersicht bestätigt sich These c) aus Kapitel 1.4.:

*Der Wald bietet zahlreiche Aktivitäten, die Erlebnisse anbahnen und damit verbunden Erkenntnisse ermöglichen, so daß die Kinder sich in ihrer gesamten Persönlichkeit (emotionalen, sozialen, psychomotorischen und kognitiven Bereichen) weiterentwickeln können.*

## 3.5. Der besondere Wert des Waldes für Kinder heute

Dieses Unterkapitel geht der in Kap. 1.4. aufgeworfenen Frage nach, ob der Wald für heute aufwachsende Kinder einen besonderen Stellenwert bekommen kann. Dies wäre der Fall, wenn gezeigt wird, daß der Wald bzw. die in ihm möglichen Aktivitäten kindliche Bedürfnisse befriedigen können, die im Kinderalltag zu wenig berücksichtigt werden.

### 3.5.1. Tabellarische Zusammenfassung von Kapitel 3.1.

Um den besonderen Wert des Waldes für Kinder deutlich zu machen, folgt eine tabellarische Übersicht von Kap. 3.1. .

### Tab. 2.: Der Wert des Waldes für Kinder heute

| *Bedürfnis von Kindern* | *Bedeutung für die kindliche Entwicklung* | *Möglichkeit heutzutage, das Bedürfnis zu befriedigen* | *Möglichkeit, im Wald dem Bedürfnis gerecht zu werden / Folgerungen für die erlebnispäd. Arbeit* |
|---|---|---|---|
| **Liebe, Geborgenheit und Sicherheit**<br>(Kap. 3.1.1.) | - Basis für Urvertrauen, bei dem die Eltern eine entscheidende Rolle spielen. Das Kind kann darauf aufbauend „in konzentrischen Kreisen" die Welt entdecken. | **unterschiedlich:**<br>- Es gibt jedoch heute viele Kinder, die in instabilen Beziehungen aufwachsen. | - Die Natur kann manchen Kindern Geborgenheit vermitteln.<br>- Der Erlebnispädagoge sollte auf ein positives Gruppenklima und ein gutes Verhältnis zu den Kindern Wert legen. |
| **Spannung / Abenteuer / Risiko**<br>(Kap. 3.1.2.) | - ermöglicht es, die Welt und sich selber kennenzulernen und dabei eigene Grenzen anzuerkennen und zu erweitern<br>- wichtig für die Aneignung von Räumen und Beziehungen | **gering:**<br>- Fast alles ist geregelt.<br>- Es gibt wenig Freiräume für Kinder. | Insbesondere den „Abenteuerwelten" von Grundschulkindern entspricht der Wald:<br>- jagen und sammeln<br>- ein Haus bauen<br>- pflegen und hüten<br>- handwerklich tätig sein<br>- Körpererfahrungen sammeln (vgl. Kap.3.1.2.)<br>- sich in Gruppen zusammenzuschließen entspricht ebenfalls der erlebnispäd. Arbeit |
| **Freiheit / Grenzen/ Verantwortung**<br>(Kap. 3.1.3.) | - Freiheit beinhaltet die Möglichkeit, selbständig zu handeln, dies fördert u.a.:<br>- das Selbstwertgefühl<br>- Verantwortungsbewußtsein<br>- Selbständigkeit<br>- Selbsterkenntnis.<br>- Grenzen betreffen Gefahren, die die Kinder nicht abschätzen können bzw. das Gruppenklima belasten. | **oft gering:**<br>- Viele Erwachsene greifen in den Prozeß des selbständigen Handelns zu schnell ein.<br>- Die Kinderwelt ist von Regeln umgeben. Es fehlen freie Aktionsräume. | - Im Freien, also auch im Wald, kann das Bedürfnis am ehesten ausgelebt werden.<br>- Erlebnispäd. Arbeit im Wald sollte (ihrem Konzept entsprechend) in festgesteckten Grenzen möglichst viel Freiheit und freies Tätigsein ermöglichen und Verantwortung abgeben. |
| **Die „Welt" zu entdecken und zu verstehen**<br>(Kap. 3.1.4.) | - Kompetenz<br>- Selbstbewußtsein<br>- Selbständigkeit | **gering:**<br>- Wie die „Welt" funktioniert, wird für Kinder zunehmend undurchsichtiger.<br>- Elementare Zusammenhänge zwischen Mensch und Natur werden nicht mehr erlebt. | - Alle erarbeiteten Aktivitäten im Wald befriedigen das Bedürfnis.<br>- Die Verbundenheit von Mensch und Natur kann im Wald wieder entdeckt werden (D. Gesammelte Pflanzen verarbeiten, E. Bauen und Gestalten, I. Alltag unter einfachen Bedingungen erleben). |

| ***Bedürfnis von Kindern*** | ***Bedeutung für die kindliche Entwicklung*** | ***Möglichkeit heutzutage, das Bedürfnis zu befriedigen*** | ***Möglichkeit, im Wald dem Bedürfnis gerecht zu werden / Folgerungen für die erlebnispäd. Arbeit*** |
|---|---|---|---|
| **Herzustellen und zu gestalten**<br>(Kap. 3.1.5.) | - Selbstbewußtsein<br>- Einsicht in Grenzen<br>- Phantasie<br>- Kreativität<br>- die Welt verstehen (Materialeigenschaften, physische Gesetzmäßigkeiten kennenlernen,...)<br>- Förderung der Fein- und Grobmotorik<br>- Erlernen von Fertigkeiten | **Häufig sehr gering:**<br>- Legos sind, wenn Kinder aus dem „Sandkasten-alter" heraus sind, neben Kunst- und Werkunterricht mit kleinen Basteleien, meistens die einzige Möglichkeit, herzustellen und zu gestalten.<br>- Spielzeug ist fast immer vorgefertigt. Dadurch werden die Kinder zum Benutzer degradiert. Anregende Aktionsräume fehlen. | - Der Wald bietet eine Fülle von unfertigem, natürlichem Spielmaterial, das die Kreativität und die Phantasie anregt (vgl. E. Herstellen und Gestalten).<br>- Im Wald fehlen ablenkende Konsumgüter. |
| **Zu spielen**<br>(Kap. 3.1.6.) | - neue Sicht-, Handlungs- und Verhaltensweisen erproben<br>- Förderung von sozialen Kompetenzen<br>- „Welt" verstehen durch Nachahmung, Realität verarbeiten<br>- Ausdruck der kindlichen Phantasie, kreativitätsfördernd<br>- Lebensfreude / Spaß<br>- Grenzen kennenlernen und erweitern<br>- Körpererfahrung, fördert die Grob- und Feinmotorik | **unterschiedlich:**<br>- Das freie Spiel hat allerdings besonders im Freien stark abgenommen, weil die Kindheit heute regelrecht verplant wird und es nur wenig Freiräume für Kinder gibt.<br>- Bewegungsspiele gehen zugunsten technischer oder vorgefertigter Spiele zurück. | - Im Wald können aufgrund seiner Fläche, den geringen Gefahren und den Versteckmöglichkeiten, die alten Straßenspiele in Kindergruppen wieder aufgegriffen werden (vgl. F. Spielen).<br>- Abenteuerspiele bieten sich ebenfalls an.<br>- Weitere Vorteile:<br>Die Kinder dürfen auch einmal laut sein und die Regeln sind überschaubar. |
| **Sich zu bewegen**<br>(Kap. 3.1.7.) | - Bewegung ermöglicht Kindern im Zusammenspiel mit den Sinnen den Kontakt zur Außenwelt. Sie fördert deshalb emotionale und kognitive Bereiche.<br>- wichtig für die Körpererfahrung und die Gesundheit, fördert die Grob- und Feinmotorik<br>- Die Kinder lernen, Risiken einzugehen. | **gering:**<br>- Kinder verbringen die meiste Zeit in Gebäuden. Bewegungsmangel und damit verbundene gesundheitliche Schäden sind die Folge. | - Im Wald kann der Bewegungsdrang gut ausgelebt werden (vgl. G. Bewegen). |

| ***Bedürfnis von Kindern*** | ***Bedeutung für die kindliche Entwicklung*** | ***Möglichkeit heutzutage, das Bedürfnis zu befriedigen*** | ***Möglichkeit, im Wald dem Bedürfnis gerecht zu werden / Folgerungen für die erlebnispäd. Arbeit*** |
|---|---|---|---|
| **Vielfältig wahr-zunehmen**<br>(Kap. 3.1.8.) | - Voraussetzung, um die Welt zu begreifen und Begriffe zu bilden<br>- Lebensfreude<br>- vielfältiges Wahrnehmen beeinflußt emotionale und kognitive Bereiche positiv | **gering:**<br>- Wir (und damit auch die Kinder) befinden uns in einem Gesellschafts-prozeß zunehmender Entsinnlichung.<br>- Augen und Ohren werden überbean-sprucht, andere Sinne vernachlässigt. Kindheit ist weitgehend Kindheit aus zweiter Hand. | - Für den Wald charakteristisch ist seine vielfältige Reizumgebung. Alle Sinne können gleichmäßig angesprochen werden (vgl. Kap. 2.5.).<br>- Durch Übungen können vernachlässigte Sinne auch wieder bewußt gemacht werden (vgl. H. Wahrnehmen). |
| **Gemein-schaft zu haben**<br>(Kap. 3.1.9.) | - Sozialkompetenz entwickeln<br>- Geborgenheit erfahren<br>- Selbstbewußtsein | **unterschiedlich:**<br>- wegen der Leistungsorientierung in Schule, Sport oder Musikschulen zum Teil erschwert | - Alle Aktivitäten können im Wald gemeinschaftlich angegangen werden, ohne daß Leistungsdruck herrscht. Gruppengespräche und Kooperationsspiele können das Gemeinschaftsleben außerdem fördern. |
| **Friedlich für sich alleine zu sein**<br>(Kap. 3.1.10) | - Identitätsfindung<br>- Unabhängigkeit<br>- Reflexionsmöglichkeit | **unterschiedlich:**<br>- Mit sich alleine zu sein wird heutzutage z. T. durch zahlreiche Ablenkungsmöglich-keiten erschwert. | - Das friedliche „mit sich alleine sein" kann in der Natur bzw. im Wald wieder entdeckt werden (vgl. K. Meditieren). |
| **Erlebtes, Stim-mungen und Ge-fühle aus-zudrücken**<br>(Kap.3.1.11) | - Reflexion<br>- psychische Stabilität<br>- Geborgenheit | **unterschiedlich:**<br>- Die Schule läßt für dieses Bedürfnis häufig nur wenig Raum. | - Verschiedene Aktivitäten können das Bedürfnis befriedigen (vgl. E. Bauen, F. Spielen, L. Geschichten erzählen und selber erfinden, M. Musizieren,..., N. Feste feiern, O. Gruppengespräche). |
| **Mit der Natur verbunden zu sein**<br>(Kap. 3.1.12.) | - für die kindliche Entwicklung förderlich<br>- wichtig für den Erhalt der Natur | **gering:**<br>- Es gibt in urbanisierten Gebieten kaum Naturerlebnisräume, die Kinder nutzen können. | - Wälder sind stadtnah gelegen und relativ naturbelassen. Sie sind im Gegensatz zu anderen natürlichen Gebieten kontinuierlich, kostengünstig und schnell zu erreichen. |

### 3.5.2. Ergebnis

In der Tabelle wird deutlich, daß die Bedürfnisse von Kindern heute oft zu kurz kommen. An dieser Stelle zu nennen, ist insbesondere das Bedürfnis:

- nach Bewegung, nach Freiheit, Selbständigkeit und Verantwortung;
- nach Erlebnissen / Spannung / Abenteuer / Risiko;
- nach vielfältiger Nutzung der Sinne;
- nach Verbundenheit mit der Natur;
- nach Bewegung;
- herzustellen und zu gestalten.

Die große Bedeutung dieser Bedürfnisse für die kindliche Entwicklung wurde ebenfalls dargestellt. In diesem Zusammenhang scheinen die gesundheitlichen und die vielfältigen sozialen und individuellen Schwierigkeiten von Kindern in Kindergärten, Elternhaus und Schule nicht verwunderlich zu sein[27] (vgl. KÖLLNER, S. / LEINERT, C., 10).

Die Möglichkeiten:

- die ursprüngliche Verbundenheit von Mensch und Natur im Wald zu verdeutlichen;
- der intensiven Naturerfahrung;
- für Spiele, bei denen das Abenteuer-, Bewegungs- und Gemeinschaftsbedürfnis von Kindern befriedigt wird;
- des Waldes, alle Sinne anzusprechen;
- sich zurückzuziehen

lassen den Wald für Kinder zusätzlich besonders wertvoll erscheinen, da diese Möglichkeiten in urbanisierten Gebieten, in denen heute der überwiegende Teil von Kindern aufwächst, kaum erfüllt werden können. Dies gilt vor allem so lange, wie den Kindern in den Städten keine Naturerfahrungsräume zur Verfügung stehen.

Damit bestätigt sich die in Kap. 1.4. Punkt e) aufgeworfene These:

*- daß der Wald für heute aufwachsende Kinder einen besonderen Stellenwert bekommen kann.*

27 Häufig gibt es Kinder, die keine Verantwortung für ihr Tun und dessen Folgen übernehmen wollen und viele sind nicht in der Lage, Grenzen anzuerkennen und selbständig zu arbeiten. Andere sind unsicher, trauen sich nichts zu und leben eher zurückgezogen.

## 3.6. Zusammenfassung

Da in diesem Kapitel bereits mehrfach zusammengefaßt wurde (vgl. Kap. 3.5.1.), werden an dieser Stelle nur die wichtigsten Ergebnisse zusammengetragen:

- *Der Wald und die in ihm möglichen Aktivitäten entsprechen den Bedürfnissen von Kindern.*
- *Der Wald bietet zahlreiche Aktivitäten, die Erlebnisse anbahnen und damit verbunden Erkenntnisse ermöglichen, so daß die Kinder sich in ihrer gesamten Persönlichkeit (emotionalen, sozialen, psychomotorischen und kognitiven Bereichen) weiterentwickeln können.*
- *Der Wald kann für heute aufwachsende Kinder einen besonderen Stellenwert bekommen, weil insbesondere folgenden allgemeinen vernachlässigten Bedürfnissen entsprochen werden kann:*
  - nach Bewegung, nach Freiheit, Selbständigkeit und Verantwortung;
  - nach Erlebnissen / Spannung / Abenteuer / Risiko;
  - nach vielfältiger Nutzung der Sinne;
  - nach Verbundenheit mit der Natur;
  - nach Bewegung;
  - herzustellen und zu gestalten.

## 4. Tabellarische Zusammenfassung von möglichen Waldaktivitäten für Kinder

Das folgende Kapitel faßt möglichst umfassend und sortiert konkrete Möglichkeiten für Grundschulkinder im Wald zusammen, die Erlebnisse anbahnen sollen. Viele der gewählten Aktivitäten regen Kinder an, sich Fragen über ihre Umwelt zu stellen. Die Tabellenform wurde aus Gründen der Übersichtlichkeit gewählt. Die Ideen stammen - neben allgemein bekannten - aus folgenden im Literaturverzeichnis angegebenen Büchern:

- **Natur Erlebnis Ferien** von A. Schlehufer und S. Kreuzinger, Alling, 1997.
- **Mit Freude die Natur erleben** von J. Cornell, Mühlheim an der Ruhr, 1991.
- **Mit Kindern die Natur erleben** von J. Cornell, Oberbrunn, 1979.
- **Waldkindergärten** von S. Köllner und C. Leinert, Augsburg, 1998.
- **Kinder unterm Blätterdach** von R. Michael-Hagedorn und K. Freiesleben, Dortmund, 1999.
- **Walderlebnisspiele** (Hrsg.: Höhere Forstbehörde Westphalen-Lippe), Mühlheim a. d. Ruhr, 1997.
- **Wald erleben und erfahren** (Autoren: CH Waldwochen), Mühlheim an der Ruhr, 1992.
- **Wald erleben - erforschen - begreifen** von H. Weber, K. Hörner und F. Meiser, Dudweiler, 1993.
- **Mit Kindern in den Wald** von K. Saudhof und B. Stumpf, Münster, 2000.
- **Waldfühlungen** von Antje und Burkhard Neumann, Münster, 2000.

Bei außergewöhnlichen Ideen wird eine genauere Literaturangabe gemacht.

**Tab.: A. Pflanzen entdecken**

| ***A. Pflanzen entdecken***<br>Übersicht: | ***Vorschläge zur Konkretisierung***<br>Mögliche Hilfsmittel:<br>Farben, Stifte, Papier, Lupe, Mikroskop, Spiegelfliesen, Stethoskop, Gips |
|---|---|
| **Allgemeines**<br>- Farben, Formen, Oberflächenstruktur von Pflanzen wahrnehmen | - Pflanzen durch Sammeln und Verarbeiten kennenlernen (s. Tab.: D. Gesammelte Pflanzen verarbeiten)<br>- Blätter und Blüten pressen, zeichnen, drucken, mit Spritztechnik umranden oder unter Papier abreiben<br>- Collagen anfertigen<br>- Pflanzen unter der Lupe oder unter einem Mikroskop betrachten |
| - Geruch, Geschmack wahrnehmen | - Kimspiele (s. Tab. H. Wahrnehmen) |
| - Wachsen und Vergehen / Prinzip Recycling veranschaulichen | - Früchte und Samen aus dem Wald zum Keimen bringen und ihr Wachstum beobachten<br>- an Todholz und heruntergefallenem Laub zeigen, wie der Zersetzungsprozeß einsetzt und wie Vergehendes anderen Lebewesen wieder Nahrung bietet |
| **Bäume entdecken**<br>- Kennenlernen der Form und Struktur | - Bäume blind ertasten<br>- von der Rinde ein Rubbelbild oder einen Gipsabdruck erstellen<br>- mit Hilfe von Spiegelfliesen die Baumkronen aus einem anderen Blickwinkel betrachten<br>- z.B. mit der Spazierstockmethode das Schätzen von Baumhöhen erlernen |
| - Zeitdimensionen anhand von Bäumen erleben | - den Umfang eines dicken Baumes durch Umstellung mit Personen verdeutlichen<br>- die Altersdimension anhand der Jahresringe verdeutlichen |
| - dem Leben in Bäumen nachspüren und Ähnlichkeiten zum eigenen Ich finden | - sich mit Hilfe von Meditationen und Traumreisen in einen Baum versetzen und sein Wachsen und die verschiedenen Jahreszeiten nacherleben<br>- mit Hilfe eines Stethoskopes im Frühjahr das Aufsteigen des Saftes (insbesondere bei dicken Laubbäumen) miterleben (vgl. CORNELL, J.,1979, 24f.)<br>- mittels eines Rollenspiels das innere Baumleben nachspielen<br>- mit dem Körper unterschiedliche Baumarten nachahmen und anschließend von der Gruppe erraten lassen (vgl. CORNELL, J., 1991, 62f. und 76) |
| - Material Holz kennenlernen | - die Eigenschaften von Holz mittels Bearbeitung kennenlernen (s. Tab.: E. Bauen und Gestalten)<br>- die Resonanzeigenschaft von Holz mit Hilfe eines liegenden Baumstammes, der an einer Schnittstelle beklopft wird, feststellen (am anderen Ende des Baumstammes können die Zeichen gut verstanden werden) |

**Tab.: B. Tiere entdecken und beobachten**

| ***B. Tiere entdecken und beobachten***<br>Übersicht: | ***Vorschläge zur Konkretisierung / Erläuterungen***<br>mögliche Hilfsmittel:<br>Fernglas, Becherlupe, Käscher, Behälter, Bestimmungsbücher |
|---|---|
| **Säugetiere beobachten** | Aussehen und Verhaltensweisen von Tieren, wie z.B. Rehen, Kaninchen, Fuchs und Fledermäusen können beobachtet werden. Sie lassen sich jedoch selten und meist nur zu bestimmten Tageszeiten sehen. Eine Pirsch kann trotzdem sehr spannend sein. Wenn man keine Tiere trifft, kann auch nach Tierspuren Ausschau gehalten werden. |
| **Vögel beobachten** | Man kann Verhalten und Aussehen von Vögeln beobachten, ihre Stimmen hören und unterscheiden lernen, und evtl. Lockrufe lernen. Besonders am frühen Morgen lassen sich viele Vögel hören und sehen. |
| **Insekten, Reptilien, und andere Kleinlebewesen beobachten** | Auch wenn diese Tiere bei manchen Kindern erst Ekel hervorrufen, nehmen die meisten Kinder bald eine Beziehung zu ihnen auf. Der Vorteil ist, daß die meisten dieser Tiere im Wald immer zu entdecken sind und man sie gewöhnlich über einen längeren Zeitraum beobachten kann. Ihre unschätzbare Bedeutung für den Wald kann z.B. anhand der Auseinandersetzung mit dem Leben von Ameisen verdeutlicht werden. |
| **Kleinstlebewesen in Waldteichen oder -bächen entdecken** | Mit Becherlupen und Käschern können die Kinder an Waldbächen kleine Tiere fangen, beobachten und bestimmen. |
| **Tierspuren entdecken** | Wenn größere Tiere nicht zu sehen sind, kann man nach Tierspuren Ausschau halten. Dazu gehören: Trittspuren, Fraßspuren (z.B. an Zapfen, Waldfrüchten, Stämmen, Wurzeln, Blättern, Zweigen,...), Kot, Gewölle, alte Nester und Eischalen, Teile von Tieren (z. B. Federn) oder ihre Behausungen (z.B. Spechthöhle oder Fuchsbau). |
| **sich in Tiere versetzen, ihr Verhalten und ihre Bedeutung für den Wald verstehen** | Kinder lieben Tiere. Rollenspiele ermöglichen ihnen, sich in sie hinein zu versetzen und ihr Verhalten zu verstehen (vgl. Tab.: F./ G. Bewegen und Spielen: Rollenspiel). Auch spannend erzählte Geschichten über die Tiere erweitern die Kenntnisse (vgl. Tab.: K. Geschichten hören, erzählen und selber erfinden). |

**Tab.: C. Sammeln**

| ***C. Sammeln***<br>Übersicht: | ***Vorschläge zur Konkretisierung*** |
|---|---|
| - sammeln von eßbaren, Heil- und Färbepflanzen<br>- sammeln von anderen Naturmaterialien zum Bauen, Herstellen und Spielen oder „einfach nur so" | - Gesammelt werden kann (natürlich in Maßen) alles, was man im Wald findet und nicht geschützt oder bedroht ist: Neben dem Sammeln von eßbaren, Heil- und Färbepflanzen sind bei Kindern vor allem Stöcke, Schneckenhäuser, Steine, Blätter, Federn, Waldfrüchte, Samen und Nüsse beliebt.<br>- Gesammelte Dinge kann man sich gegenseitig zeigen und miteinander besprechen, warum man sie besonders schön findet.<br>- Viele der gesammelten Dinge können weiterverwendet werden (s. Tab.: E. Bauen und Gestalten, D. Gesammelte Pflanzen verarbeiten und F. Spielen).<br>- Man kann Gruppen auch ganz bestimmte Such- und Sammelaufträge geben. Bsp.: etwas besonders Weiches, Stöcke mit einer bestimmten Länge, usw.. |

**Hinweise zum Kräuter- und Beerensammeln:**

Bei Bedenken bezüglich des Fuchsbandwurms sollten Kräuter und Beeren nicht roh verzehrt werden (vgl. Kap. 2.6.2.: Gefahrenquellen im Wald)!

Außerdem sollte man:

- nur Pflanzen und Früchte sammeln, die man sicher kennt;
- die gesammelten Pflanzen der Kinder unbedingt kontrollieren;
- nicht auf gedüngten Wiesen oder an Straßenrändern sammeln;
- genügend Pflanzen zum Fortbestand stehen lassen und auf keinen Fall geschützte Pflanzen sammeln;
- nur soviel sammeln, wie benötigt wird;
- Pflanzen eher abschneiden als sie auszureißen;
- Kräuter und Beeren gründlich waschen (vgl. KÖLLNER, S. / Leinert, C., 89 f.).

**Tab.: D. Gesammelte Pflanzen verarbeiten**

| ***D. Gesammelte Pflanzen verarbeiten***<br><br>Übersicht: | ***Vorschläge zur Konkretisierung / Erläuterungen***<br>möglich Hilfsmittel:<br><br>Kochstelle, weitere Zutaten und Mittel, Bestimmungsbücher, Rezepte, Fachliteratur über eßbare, Heil- und Färbepflanzen |
|---|---|
| **Eßbare Pflanzen**<br><br>- Nutzung von Beeren<br><br>- Nutzung von Blättern<br><br>- Nutzung von Pilzen | Ein Essen aus dem Wald ist nicht nur schön und erlebnisreich, sondern vermittelt den Kindern auch, daß die Natur die eigentliche Nahrungsquelle des Menschen ist. Genaue Kenntnisse sind unbedingt nötig! Beispiele:<br>- Heidelbeeren, Himbeeren, Brombeeren, Preiselbeeren, Sanddorn, Holunder,... lassen sich zu Kompott, Sirup, Gelee oder Marmelade verarbeiten.<br>- Aus jungen Blättern vom Löwenzahn, kleinem Wiesenknopf, Vogelmiere, Spitzwegerich, Sauerampfer, Wiesenschaumkraut, Gänseblümchen, Brennessel, Brunnenkresse, Schafgarbe, Bärlauch, im Frühjahr auch jungen Buchenblättern läßt sich ein Wildkräutersalat machen (vgl. KÖLLNER, S. / LEINERT, C., 89 f.).<br>- Viele Pflanzen, wie z.B. Brennesseln, lassen sich zu einer Art Spinat verkochen und bieten in Soßen und Suppen Abwechslung.<br>- Bei sehr guter Kenntnis können auch Pilze verarbeitet werden. |
| **Heilpflanzen** | Es gibt sehr viele Heilpflanzen im Wald. Fachliteratur sollte unbedingt zu Rate gezogen werden. Als Beispiel sei der Breit- und Spitzwegerich aufgeführt:<br>- Die zerdrückten Blätter wirken entzündungshemmend, reizlindernd, bakterienabtötend und kühlend. Sie sind deshalb bei Schürfwunden und Insektenstichen verwendbar (vgl. KÖLLNER, S. / LEINERT, C., 95). |
| **Färbepflanzen** | - Kinder können alleine testen, welche Früchte und Pflanzen sich zum Malen auf Stein oder Papier eignen.<br>- Wenn richtig gefärbt werden soll, hilft Fachliteratur weiter: Birkenblätter ergeben beispielsweise Gelb, Klee und Brennesseln Grün und Holunder- und Heidelbeeren Blau-Violett (vgl. SCHLEHUFER, A., KREUZINGER, S., 152). |

**Tab.: E. Bauen und Gestalten**

| ***E. Bauen und Gestalten***<br><br>Übersicht: | ***Vorschläge zur Konkretisierung***<br>mögliche Hilfsmittel:[28]<br>Messer, Sägen, Nägel, Draht, Hammer, Schaufel, Spaten, Wolle, Schnüre und Seile, Kleister, u.a. |
|---|---|
| **Thema: Haus / Hütte** | - Häuser und Landschaften in Miniaturform aus Zweigen und Waldmaterial herstellen (Zwergendörfer), Türme und Nester bauen<br>- Verstecke bzw. Verschläge oder Baumhaus aus Ästen bauen<br>- „Waldsofa“ aus Reisig und Laub bauen<br>- geflochtene Weidengänge und -hütten errichten |
| **Künstlerisch gestalten** | - Schnitzen: z.B. Wanderstöcke, Löffel, Figuren, Wurzelmännchen<br>- Bilder / Collagen, Figuren aus Waldmaterial herstellen<br>- Ausstellen und besonderes Herausstellen von gesammelten „Waldschätzen“: Mandalas oder Mosaike aus Waldmaterialien legen oder eine Waldausstellung / „Waldmuseum“ / Waldgalerie initiieren<br>- bei vorhandenen Lehmböden Gefäße und Figuren formen<br>- Waldschmuck herstellen: Girlanden für Feste, Ketten und Ohrringe aus Waldmaterialien, Blumenkränze, usw. |
| **Spielzeug selber herstellen** | - Schaukel bauen, Bälle aus mit Wolle umwickeltem Moos herstellen, Puppen und Figuren aus Waldmaterial basteln<br>- bekannte Spiele so umwandeln, daß sie im Wald und mit Waldmaterialien spielbar sind |
| **Musikinstrumente herstellen** | - Musikinstrumente wie Rasseln, Weidenflöten, Klangbäume und Waldxylophone herstellen |
| **Tätigkeiten an Waldbächen** | - Staudämme und „Brücken“ bauen<br>- kleine Floße und Schiffchen herstellen und anschließend eine „Regatta“ veranstalten<br>- kleine Wasserräder herstellen |
| **Mithelfen bei forstlichen Tätigkeiten** | - Nistkästen bauen<br>- beim Bäumepflanzen helfen<br>- Naturerlebnispfad anlegen |
| **Bei Übernachtungen** | - Anlegen einer Feuerstelle[29], eines „Erdkühlschranks“ (in die Erde eingesenkter Topf), usw. |

28 Nägel und andere künstliche Materialien nach Beendigung der Aktionen wieder entfernen und den Wald möglichst so verlassen, wie man ihn vorgefunden hat!

29 Feuern an Waldrändern benötigt eine Sondergenehmigung.

**Tab.: F. / G. Spielen und Bewegen**

Anmerkungen:

Die Spiele-Palette im Wald ist sehr groß. Da genügend Platz vorhanden ist und sich Lichtungen und unbefahrene Waldwege ebenfalls zum Spielen eignen, können fast alle herkömmlichen Kinderspiele, die im Freien möglich sind, gespielt werden. Insbesondere eignet sich der Wald wegen seiner Unüberschaubarkeit und unbegrenzten Platzmöglichkeit für Versteck-, Schleich- und Abenteuerspiele. Allerdings sollte man das Gebiet möglichst gezielt aussuchen, um besonders wertvolle bzw. schonungsbedürftige Waldgebiete zu meiden. Außerdem sollte es sorgfältig auf seine Eignung geprüft werden, damit Brombeerhekken und Brennesseln nicht zu verschrammten oder verbrannten Beinen führen. Bei viel Unterholz ist außerdem die Gefahr von Verletzungen höher.

| ***F. / G. Spielen und Bewegen***<br>Übersicht: | ***Vorschläge zur Konkretisierung / Erläuterungen*** |
|---|---|
| **Allgemeine Möglichkeiten** | - einfach nur „rumstromern“<br>- wandern<br>- auf Bäume klettern<br>- an umgekippten Bäumen wippen<br>- hangeln an Ästen und Lianen<br>- Bäche durchwaten, Schluchten mit Seilen überqueren<br>- mit Zapfen werfen<br>- mit Stöcken spielen<br>- im Herbst Laubschlachten veranstalten<br>- Spiel mit Pflanzen (Pusteblumen, Springkraut, Nasen kleben mit Ahorn, „Propeller“, Henne und Hahn, usw.) |
| **Kreisspiele** | Wie überall lassen sich im Wald Kreisspiele durchführen. Die inhaltlichen Themen können auf das Thema Wald hin abgeändert werden. |
| **Rollenspiele** | Rollenspiele sind eine gute Möglichkeit, Prozesse, die im Wald ablaufen, zu verstehen. Joseph Cornell hat in seinem Buch: „Mit Freuden die Natur erleben“ neben anderen die beiden folgenden entwickelt:<br>- Die Nahrungskette im Wald wird mit Hilfe einer Menschenpyramide dargestellt (vgl. CORNELL, J., 1991, 52).<br>- Durch Tierpantomimen, die von mehreren Kinder dargestellt und von anderen erraten werden, versetzen sich die Kinder in deren Lage (vgl. CORNELL, J., 1991, 84). |

| ***F. / G. Spielen und Bewegen***<br><br>Übersicht: | ***Vorschläge zur Konkretisierung / Erläuterungen*** |
|---|---|
| **Ratespiele** | - Viele bekannte Ratespiele können im Wald durchgeführt werden, Tiere oder Pflanzen werden dabei beschrieben und erraten (Bsp.: „Ich sehe was, was Du nicht siehst"). Insbesondere für kleinere Kinder sind im Volksmund zahlreiche gereimte Rätsel über Waldtiere und Pflanzen bekannt (vgl. KÖLLNER, S. / LEINERT, C.,104).<br>- Gegenstände durch Fühlen, Riechen und Schmecken erraten (vgl. Kimspiele Tab.: H. Wahrnehmen)<br>- Schätzen und messen (Baumhöhen, Stocklängen, Anzahl von Früchten,...) |
| **Wettrennspiele** | Wie überall lassen sich im Wald auf unbefahrenen Waldwegen herkömmliche Wettrennspiele oder Staffelläufe durchführen. |
| **Fangspiele** | - Bsp. „Zwerg , Zauberer, Riese": Zu Beginn des Spieles wird für jedes der drei Wesen eine passende Bewegung eingeführt. Außerdem wird festgelegt, daß der Zwerg den Riesen, der Riese den Zauberer und der Zauberer den Zwerg fängt. Jetzt beginnt die eigentliche Spielphase. Zwei Gruppen stehen sich mit 20m Abstand an zwei Linien gegenüber. Jede bespricht, welches der Wesen die Gruppe darstellen will. Danach treffen sich die beiden Gruppen mit etwa 2m Abstand voneinander auf der Mittellinie. Auf Kommando des Spielleiters führen alle die ausgemachte Bewegung des gewählten Wesens aus. Blitzschnell müssen die Gruppen nun entscheiden, ob sie die andere Gruppe fangen oder sich zu ihrer Linie retten müssen. Wer rechtmäßig gefangen ist, wechselt die Mannschaft. |
| **Schleichspiele** | - Bsp. „großer Häuptling": Ein Kind sitzt mit verbundenen Augen in der Mitte eines Kreises, um den sich die anderen Kinder versammelt haben. Leise schleichen sie sich an. Hört „der Häuptling" ein herannahendes Kind, zeigt er in die Richtung des Geräusches und das herannahende Kind muß wieder zu seiner Ausgangsposition zurück (Alternativ: Blumenwasserspritze für Häuptling). |
| **Versteckspiele** | - Bsp. Indianerspiel „Shornee-Ottwa": Ein Späher steht am Wegesrand. Die anderen Kinder stellen sich etwa 50m entfernt im Wald an einer fiktiven Linie, die parallel zum Weg verläuft, auf. Das Spiel besteht aus zwei alternierenden Spielphasen: Wenn der Späher „Shornee" (was „loslaufen" bedeutet) ruft, dreht er sich mit einem Sprung so um, daß er die anderen Kinder nicht mehr sieht. In dieser Zeit laufen alle anderen nach vorne. Kurze Zeit später ruft der Späher jedoch: „Ottwa" (was: „Bleibt stehen" meint) und dreht sich wieder um. Jetzt darf der Späher sich nicht mehr von der Stelle bewegen und nur schauen, welche Kinder er, hinter den Bäumen versteckt, entdeckt. Diese müssen zurück zur Ausgangslinie, bis sie es bei den nächsten Durchgängen schaffen, ungesehen zum Weg vorzudringen. |

| F. / G. Spielen und Bewegen<br>Übersicht: | *Vorschläge zur Konkretisierung / Erläuterungen* |
|---|---|
| **Spurlege- und Verfolgungsspiele** | Spuren Legen und Verfolgen ist bei Grundschulkindern sehr beliebt. Bei einer klassischen Schnitzeljagd versteckt sich die vorangehende Gruppe und muß von der folgenden entdeckt werden. Bei einer klassischen Schatzsuche versteckt die vorgehende Gruppe einen Schatz, den die nachfolgende Gruppe suchen muß. Als Spuren dienen Pfeile, Wollfähnchen oder Botschaften auf Papier. Geheimschriften (z.B. Waldläuferzeichen, Runen, Morsealphabet) oder Zeichnungen, wie z.B. Schatzkarten, sind Möglichkeiten, die Spannung zu erhöhen. |
| **Geländespiele** | Geländespiele sind gewöhnlich eine Kombination aus oben genannten Schleich-, Fang- Versteck- und Verfolgungsspielen, die besonders ältere Kinder stark durch ihren abenteuerlichen Charakter ansprechen. Häufig sind sie in Geschichten eingebettet, so daß die Phantasie der Kinder stärker einbezogen wird. |
| **Waldrallyes** | In Waldrallyes gibt es normalerweise verschiedene Posten, die eine oder mehrere Kleingruppen anlaufen. Bei den einzelnen Posten müssen von der Gruppe unterschiedliche Aufgaben gelöst werden. Es kann sich dabei z.B. um Such- und Sammelaufträge, Schätzaufgaben, Rätsel, Kooperationsspiele, Geschicklichkeitsaufgaben oder um Fragen, die den Wald betreffen, handeln. |
| **Kooperations-spiele** | Bei Kooperationsspielen wird der Gruppe eine Aufgabe gegeben, die sie nur gemeinsam lösen kann. Es geht nicht um Konkurrenzdenken sondern um die Stärkung der Gruppen-potentiale. Kooperationsspiele können eine Hilfe im Prozeß der Gruppenfindung sein. Die Wahl ist jedoch sorgsam zu treffen, weil häufig Körperkontakt eine wesentliche Rolle spielt.<br><br>- Bsp. „Spinnennetz": Eine Schnur wird wie ein Spinnennetz zwischen zwei Bäume gespannt. Die Löcher sind groß genug, daß jeweils eine Person hindurch schlüpfen kann. Die Gruppe hat nun die Aufgabe, auf die andere Seite des Netzes zu gelangen, ohne die Fäden zu berühren. Durch jedes Loch darf jeweils nur eine Person hindurch. Werden die Fäden berührt, muß die gesamte Gruppe zurück (vgl. SCHLEHUFER, A. / KREUZINGER, S., 135 ).<br><br>- Bsp. Menschen weitergeben: Die Gruppe liegt in einer Reihe Kopf an Kopf eng nebeneinander auf dem Rücken. Der unmittelbare Nachbar liegt gegenläufig zum nächsten, so daß auf beiden Seiten Beine nach außen liegen. Die Arme werden gehoben und ein Freiwilliger wird liegend durch die Reihe „transportiert". |
| **Akrobatik** | Im Wald kann auch ein Waldzirkus initiiert werden: Balancierübungen, Menschenpyramiden und viele andere Kunststücke können eingeübt und vorgeführt werden. |

## Tab.: H. Wahrnehmen

Anmerkungen:

Wahrnehmen ist eine der fundamentalen Voraussetzungen für Erleben. Je mehr der Mensch wahrnimmt, desto mehr kann er auch erleben. Vernachlässigte Sinne können durch konkrete Aufgaben gefördert werden (vgl. Kap. 3.2.8.). Bei den meisten Übungen wird der Sehsinn für einige Zeit ausgeschlossen, da die Kinder sich so besser ihren anderen Sinnen zuwenden. Die Betrachtung der Dinge aus einem neuen, ungewohnten „Blickwinkel" ist eine weitere Variante, Altbekanntes neu zu erleben und zu erschließen. In „Kimspielen" werden Gegenstände eine Zeit lang verdeckt. Die Kinder erraten bzw. merken sich, was sie fühlen, riechen, sehen oder tasten. Das Verpacken der Übungen in Spiele, Geschichten oder konkrete Aufgaben lohnt sich, weil auf diese Weise die Konzentration der Kinder besser gebündelt wird.

| ***H. Wahrnehmen***<br><br>Übersicht: | ***Vorschläge zur Konkretisierung / Erläuterungen***<br>Hilfsmittel*:*<br>Tücher, Lupe, Spiegelfliesen, Fähnchen, Seil, bunte Glasperlen |
|---|---|
| **Wald fühlen**<br>- mit den Händen | - Mit geschlossenen Augen ertasten die Kinder unterschiedliche Dinge (Baumstämme, Waldfrüchte, Blätter, Erde, klebrigen Harz, u.a.). Anschließend erraten sie, um welche es sich handelt. |
| - mit den Füßen | - Mit den Füßen fühlen die Kinder barfuß verschiedene Bodenunterlagen (Moos, Gras, Laub, Steine, usw.). Besonders spannend wird es, wenn die Gruppe, wie bei der blinden Karawane, mit verbundenen Augen eine bestimmte Strecke barfuß abgeht. Die Strecke kann entweder durch ein gespanntes Seil oder durch einen Leiter, der die Gruppe führt, angezeigt werden (vgl. CORNELL, J., 1979, 30). |
| **Wald riechen**<br><br>- Erde<br>- Tiere<br>- Pflanzen | Neben Walderde, modrigem Laub, Pilzen und Waldtieren wie Fuchs und Wildschwein, verströmen verschiedene Pflanzen mit ihren ätherischen Ölen einen besonders starken Duft. Dazu gehören: zerriebene Nadeln und Harz von Douglasie und Küstentanne; frisch geschlagenes Holz; Blüten der Linde; die Rinde des Faulbaums, Blüten und Blätter von Waldmeister und stinkendem Storchenschnabel; Blätter von Minze, Salbei und Bärlauch; Blätter und Früchte von Himbeere und Brombeere. Aus duftenden Blüten kann auch „Parfüm" hergestellt werden. |
| **Wald schmecken** | Zu den Pflanzen des Waldes, die man roh probieren kann, gehören:<br>- die Blätter von Bärlauch (vor der Blüte), Birke und Buche (nur junge Blätter), Sauerampfer, Waldsauerklee und Brennessel (Blatt vorher von der Spitze her einrollen).<br>- die Früchte von Weißdorn, Schlehe, Preiselbeere, Kirsche, schwarzem Holunder, Brombeere, Himbeere, Heidelbeere, Walderdbeere, außerdem Haselnüsse und Bucheckern.<br>- die scharfen Blätter des Aaronstabes und des Wasserpfeffers (nur sehr wenig probieren!)(vgl. HÖHERE FORSTBEHÖRDE WESTPHALEN-LIPPE, 53 und 73). |

| *H. Wahrnehmen*<br><br>Übersicht: | ***Vorschläge zur Konkretisierung / Erläuterungen***<br>Hilfsmittel:<br>Tücher, Lupe, Spiegelfliesen, Fähnchen, Seil, bunte Glasperlen |
|---|---|
| **Wald hören** | Im Wald sind die verschiedensten Geräusche zu hören. Am deutlichsten zu vernehmen sind Vögel und Blätterrauschen. Aber auch die besondere Stille des Waldes kann bewußt wahrgenommen werden. Möglichkeiten:<br>- Ein Fachkundiger kann den Kindern die unterschiedlichen Stimmen der Vögel näher bringen.<br>- Die Kinder werden zu einem „Waldkonzert" eingeladen. Sie werden mit geschlossenen Augen an einen besonderen Ort geführt und das Vogelkonzert wird offiziell eröffnet und beendet. |
| **Wald sehen** | Der Wald mit seinen Pflanzen und Tieren hält faszinierende Farbnuancen, Formen, Strukturen und unterschiedliche Verhältnisse von Licht und Schatten bereit:<br>- Besonders schöne Waldmaterialen können gesammelt und vom Spielleiter verdeckt unter ein Tuch gelegt werden. Das Tuch wird für kurze Zeit zur Seite gelegt. Die Kinder berichten anschließend, welche Materialien sie sich gemerkt haben.<br>- Bestimmte Dinge können am Wegesrand versteckt und anschließend gesucht werden .<br>- „Zwergenwelt": Die Welt des Waldes läßt sich aus der Perspektive eines Zwerges oder einer Ameise betrachten. Besonders schöne Stellen können mit Party-Fähnchen markiert werden (evtl. Lupe als weiteres Hilfsmittel).<br>- Das „Kronendach der Bäume" kann mit Hilfe von Spiegelfliesen neu entdeckt werden (vgl. Tab.: A. Pflanzen entdecken: Bäume).<br>- „Kameraspiel": Ein Kind (Kameramann) führt ein anderes Kind (Kamera), welches die Augen geschlossen hält, umher. An interessanten Stellen hält der „Kameramann" für kurze Zeit an, positioniert „seine Kamera" richtig und macht ein Foto (ans Ohr ticken). Das Kamerakind öffnet kurz die Augen und merkt sich, was es gesehen hat. Danach schließt es sie wieder und wird weitergeführt. Im Anschluß versucht es, sehend die Stellen wiederzufinden, die es fotografiert hat (vgl. CORNELL 1991, 105).<br>- „Regenbogensplitter": Der Spielleiter erzählt von einem Regenbogen mit wunderschönen Farben, der zersprungen ist. Die Splitter habe er gefunden. Er verteilt nun bunte Glasperlen oder Papierschnitzel an die Kinder. Diese bekommen die Aufgabe, Dinge zu suchen, die die gleiche Farbe haben. Am Ende kann aus dem gesammelten Material ein Regenbogen gelegt werden (vgl. SCHLEHUFER, A. / KREUZINGER, S., 89). |

| ***H. Wahrnehmen***<br><br>Übersicht: | ***Vorschläge zur Konkretisierung / Erläuterungen***<br>Hilfsmittel:<br>Tücher, Lupe, Spiegelfliesen, Fähnchen, Seil, bunte Glasperlen |
|---|---|
| **Wald mit allen Sinnen zu unterschiedlichen Zeiten wahrnehmen**<br>- Elemente Erde, Wasser und Luft<br><br>- Jahres-, Tageszeiten und Witterung<br><br>- Veränderung bei Pflanzen und Tieren wahrnehmen | die Elemente Erde, Wasser und Luft, natürliche Rhythmen, Veränderungen in der Natur und unterschiedliche Witterung können im Wald wahrgenommen werden:<br>- unterschiedliche Jahreszeiten:<br>im Frühling: Wachsen (Frühblüher, Ausschlagen der Blätter,...)<br>im Sommer: volles Grün<br>im Herbst: Vergehen (fallende Blätter, vielfältige Laubfarben,...)<br>im Winter: verschneiter, „verzauberter" Wald<br>- unterschiedliche Tageszeiten:<br>Morgendämmerung (Sonnenaufgang, Vögel erwachen,...); Abenddämmerung (Sonnenuntergang, Tiere beobachten); Dunkelheit (Nachtwanderung, Kerzenlauf, nachtaktive Tiere beobachten, Sternenhimmel betrachten, Lagerfeuer)<br>- unterschiedliche Witterung:<br>Temperaturen, Luftfeuchtigkeit, Sonnenschein, Wolken, Sturm, Wind, Regen, usw. beachten |

**Tab.: I. Alltag unter einfachen Bedingungen erleben**

| ***I. Alltag unter einfachen Bedingungen erleben***<br>Übersicht: | ***Vorschläge zur Konkretisierung / Erläuterungen*** |
|---|---|
| - Alltag im Wald<br><br>- Kinderzeltlager[30] | Alltag im Wald unter einfachen Bedingungen kann vor allem bei längeren Aufenthalten im Wald erlebt werden.<br>Kinderzeltlager sind eine gute Möglichkeit, neben Programmpunkten in der Natur unter einfachen Bedingungen „dem Alltag" nachzugehen: Man ißt und schläft und erledigt elementare Notwendigkeiten, wie z.B. Feuermachen, Kochen, Abwaschen, Waschen, Toilette und Zähneputzen im Freien. Dies ermöglicht und benötigt ein hohes Maß an Konsumreduzierung und Flexibilität. Man kann lernen, elementare Bedürfnisse von weniger elementaren abzugrenzen und gewinnt Kompetenzen, einfacher und naturnaher zu leben. |

30 Kinderfreizeiten im Wald oder am Waldrand benötigen verschiedene Genehmigungen (Förster, Waldbesitzer, Jagdpächter,...).

**Tab.: K. Meditieren**

| ***K. Meditieren***<br>Übersicht: | ***Vorschläge zur Konkretisierung / Erläuterungen*** |
|---|---|
| - sich in eine Tätigkeit vertiefen | Es gibt verschiedene Möglichkeiten, damit Kinder zu sich selbst finden:<br>- Eine intensive Tätigkeit beispielsweise trägt manchmal bereits meditative Züge. |
| - alleine sein in der Natur | - Man kann die Kinder auch bewußt einige Zeit lang an einer von ihnen selbst gewählten Stelle in der Natur alleine lassen, so daß sie die Stille des Waldes erleben.<br>Bsp. „Magie spots“: Die Gruppe steht im Kreis und zieht pantomimisch den „Mantel des Schweigens“ an. Anschließend setzt sich jedes Kind an einen freigewählten schönen Platz und bleibt - ev. mit einem Mal- oder Schreibheft ausgestattet - einige Zeit alleine. |
| - Phantasiereisen bzw. Naturmeditationen | - Phantasiereisen bzw. Naturmeditationen sind eine Methode, auf der Ebene der Imagination, der Bilder und Metaphern, einen Kontakt zwischen äußerer und innerer Natur herzustellen. Die gesprochenen Wörter werden so offen formuliert, daß jeder eigene Vorstellungen und Assoziationen dazu entwickeln kann.<br>In der Meditation können Nah- und Fernsinne gleichermaßen angesprochen oder Bewegungen integriert werden. Phantasiereisen sollten immer freiwillig sein. Die Zuhörer müssen am Ende sanft in die Wirklichkeit zurückgeführt werden.<br>Als Themen eignen sich Bäume oder Tiere des Waldes, mit denen sich die Kinder identifizieren. Auch das Thema Zauberwald (Phantasiewald mit Feen, Elfen...) läßt sich verwenden (vgl. SCHLEHUFER, A. / KREUZINGER, S., 90).<br>Durch die bei einer Phantasiereise neu entwickelte Perspektive werden Pflanzen und Tiere anders wahrgenommen. Naturmeditationen dienen deshalb neben Naturwahrnehmungsspielen zur Motivation und Vertiefung bei Entdeckungsphasen (vgl. SCHLEHUFER, A. / KREUZINGER, S., 90). |
| - eigene Gedichte schreiben, Mandalas legen | - Das Schreiben von eigenen Gedichten oder das Legen von Mandalas aus Naturmaterialien kann ebenfalls meditativen Charakter haben. |

**Tab.: L. Geschichten hören, erzählen und selber erfinden**

| ***L. Geschichten hören, erzählen und selber erfinden***<br><br>Übersicht: | ***Vorschläge zur Konkretisierung / Erläuterungen*** |
|---|---|
| **Allgemeines** | Kinder können Geschichten erzählt oder vorgelesen bekommen. Sie können sie auch gemeinsam erfinden, indem jeder einen oder mehrere Sätze einbringt.<br><br>Geschichten können gut im Kreis erzählt werden. Die Abendzeit an einem Lagerfeuer eignet sich besonders gut. Auch bei ermüdenden Wanderungen bieten Geschichten Abwechslung. |
| **Märchen, Fabeln und Geschichten** | Besonders jüngere Kinder (5- 7 Jahre) lieben Märchen und Geschichten. Märchen regen die Phantasie an und rühren an tiefe menschliche Grunderfahrungen. Der Wald ist in sehr vielen Märchen thematisiert. Allein in der Sammlung der Gebrüder Grimm finden sich 60 Märchen, in denen der Wald eine Bedeutung hat. Märchen wirken beruhigend. Gleichzeitig können sie eine spannende Stimmung aufbauen und helfen, den Wald von seiner mystischen Seite her zu entdecken (vgl. CH-WALDWOCHEN, 15 f.). |
| **Abenteuer-geschichten** | 9-10jährige Kinder interessieren sich eher für Abenteuer- und Heldengeschichten, während die älteren oftmals distanziert zu Geschichten stehen (vgl. WINKEL, G., 89). „Ronja Räubertochter" von Astrid Lindgren ist ein Beispiel für eine spannende Abenteuergeschichte, die im Wald spielt. |
| **Praktisch umgesetzte Geschichten**<br><br>- freies Spiel<br>- Geschichten als Rahmen für Spiele und längere Aktionen<br>- Theater<br>- Inszenierung von Abenteuer | - Kinder erfinden während des Spiels z.B. beim Hüttenbauen selber Geschichten und versinken dabei völlig in ihr Abenteuer.<br>- Geschichten werden oft in der Kinderbetreuung eingesetzt, um Spielen und Angeboten einen Rahmen zu geben (Bsp.: Leben wie bei den Indianern).<br>- Geschichten können auch zum Theaterspiel verwendet werden (s. Tab.: M. Theater spielen).<br>- Es gibt auch die Möglichkeit, Personen und Geschehnisse in den Tagesablauf einzubringen, ohne daß den Kindern bewußt ist, daß diese nur fiktiv sind. Für die erlebnispäd. Arbeit bleiben diese realen „ Abenteuerstorys" sehr umstritten, weil sie, obwohl sie dem Abenteuerbedürfnis entsprechen, nur bedingt eine Reflexion ermöglichen bzw. eine Auflösung der Geschehnisse das Problem beinhaltet, daß das Bekenntnis einer Inszenierung von der Gruppe als massiver Vertrauensbruch gewertet werden und zur Abwertung der erfahrenen Erlebnisse führen kann. |

**Tab.: M. Musizieren / Theater spielen / Künstlerisch gestalten**

| ***M. Musizieren / Theater spielen / Künstlerisch gestalten*** Übersicht: | ***Vorschläge zur Konkretisierung / Erläuterungen*** |
|---|---|
| **Musizieren** | - gemeinsam singen<br>- auf selbst hergestellten Musikinstrumenten spielen (s. Tab.: E. Bauen und Gestalten)<br>- mit Steinen oder Hölzern Rhythmen trommeln<br>- Gräser, Eichelkappen, u.ä. zum Pfeifen nutzen<br>- Naturgeräusche nachahmen und evtl. in eine Geschichte oder ein Theater einbauen: Rauschen der Blätter, Regen, Tiere,... |
| **Theater spielen** | Theaterstücke können selber erfunden oder anhand von erzählten Geschichten entwickelt werden. Der Wald ist Bühne und Zuschauerraum. Naturmaterialien liefern, neben anderen Utensilien, „Verkleidungs- und Bühnenmaterial". Die Themen können vielfältig sein. Geschichten mit Waldtieren und Waldwesen bieten sich an. |
| **Künstlerisch gestalten** | Neben den Möglichkeiten, die unter der Tab.: E. Bauen und Gestalten aufgeführt sind, bietet es sich an, in der Natur mit verschiedenen Farben zu zeichnen und zu malen. |

**Tab.: N. Feste feiern**

| ***N. Feste feiern*** Überblick: | ***Vorschläge zur Konkretisierung / Erläuterungen*** |
|---|---|
| - zur Bedeutung von Festen<br><br>- Ideen | Bei einem Fest ist die Vorbereitungsphase mindestens so wichtig wie die Durchführung. Das Essen muß zubereitet und der Platz kann kunstvoll geschmückt werden. Feste sind Höhepunkte und bieten einen Rahmen, etwas bewußt wertzuschätzen und gemeinsame Freude sichtbar zum Ausdruck zu bringen. Sie sind gemeinschaftsfördernd und regen die Selbsttätigkeit und Kreativität einer Gruppe an. Anlässe finden sich immer: Waldfest, Indianerfest, Gespensterfest, Laternenfest, Abschiedsfest, Vollmondfest, Geburtstagsfeste, usw.. In Feste können unterschiedliche Aktivitäten eingebunden werden. Es eignen sich z.B.:<br>- künstlerische Darbietungen mit Theater, Akrobatik und Musik<br>- gemeinsames Singen und Tanzen<br>- gemeinsame Spiele<br>- Geschichten, die erzählt werden (vgl. SCHLEHUFER, A., KREUZINGER, S., 68). |

**Tab.: O. Gruppengespräche**

| ***O.*** ***Gruppengespräche*** Übersicht: | ***Vorschläge zur Konkretisierung / Erläuterungen*** |
|---|---|
| - gemeinsame Reflexion | Gruppengespräche bieten einen besonderen Raum, Erlebtes zu reflektieren. Der Einzelne bekommt die Möglichkeit, seine Erlebnisse, Stimmungen und Gefühle mitzuteilen und zusammen mit der Gruppe zu verarbeiten. Erlebnisse können, wie zu Beginn dieser Arbeit verdeutlicht wurde, durch ihre Reflexion letztendlich zu Erkenntnissen führen. |
| - Konflikte ansprechen | Besonders für den Gruppenprozeß sind Gespräche sehr wichtig, weil sie die Möglichkeit bieten, Unterschwelliges und offene Konflikte anzusprechen. |
| - Ideen einbringen<br>- Feedback | Gruppengespräche sind für die Kinder außerdem eine wichtige Möglichkeit, ihre Ideen einzubringen und sie miteinander zu koordinieren. Der Gruppenleiter bekommt wichtige Feedbacks über die bisherigen Aktivitäten und weiteren Wünsche der Kinder. |
| | Rituale können helfen, Gruppengesprächen einen besonderen Rahmen zu geben. Für den „Gruppenrat“ bietet sich ein besonderer Ort (Thing) oder ein Lied zu Beginn an. Ein Redestein oder Redestab, den der jeweils Redende in der Hand hält, kann helfen, das Gespräch in geordnete Bahnen zu lenken. |

# 5. Zur praktischen Umsetzung von Aktivitäten im erlebnispädagogischen Lernort Wald

Im folgenden Kapitel wird auf die konkrete Umsetzung von Aktivitäten eingegangen.

*Eine Methodik ergibt sich dabei aus den Bedürfnissen der Kinder, den Grundsätzen der Erlebnispädagogik und den Bedingungen des Waldes.*

Geeignete Aktivitäten sind stark abhängig von den Rahmenbedingungen einer Aktion. Deshalb werden diese im ersten Unterkapitel erläutert. Das zweite Unterkapitel stellt allgemeine Hinweise zur praktischen Umsetzung von Aktivitäten im Wald dar und das dritte geht auf die Frage ein, wie Aktivitäten im Sinne der Erlebnispädagogik umgesetzt werden. Im vierten Unterkapitel folgt eine Zusammenfassung, wobei im Anschluß daran die These dieser Arbeit bestätigt werden kann, daß der Wald ein erlebnispädagogischer Lernort für Kinder ist.

## 5.1. Aspekte, die Aktivitätsentscheidungen beeinflussen

Bei der Entscheidung für bestimmte Aktivitäten sind folgende Aspekte zu berücksichtigen:

a) die äußeren Rahmenbedingungen der Aktion;

b) die spezifische Situation der Kinder;

c) die Betreuersituation;

d) die Gruppensituation;

e) mögliche Risiken;

f) die Bedürfnisse von Kindern in der gegebenen Altersstufe;

g) die Ziele, die hinter einer Aktivität stehen (vgl. FISCHER, T., 291).

a) Zum Aspekt der äußeren Rahmenbedingungen einer Aktion gehört die Klärung

- des zeitlichen Rahmens:

  Handelt es sich um regelmäßige oder einmalige, mehrstündige oder länger andauernde Tagesaktionen bzw. sind Übernachtungen mit einzubeziehen?

- welcher Wald zur Verfügung steht:

  Welche Möglichkeiten bietet er? Wie sieht es mit der Pflanzenfauna, den Tierarten, Spiel-, Pausen- und Unterstandsmöglichkeiten usw. aus? Sind besondere Regeln einzuhalten?

- rechtlicher Fragen:

  Sind Absprachen mit dem Förster oder dem Jagdpächter notwendig?

- des verfügbaren Materials
- des finanziellen Rahmens
- institutioneller und organisatorischer Rahmenbedingungen:

Handelt es sich um eine schulische oder außerschulische Aktion? Wie sind die Anfahrtsmöglichkeiten? Wer ist für was zuständig?...

- alternativer Konzepte, die bei schlechtem Wetter eingesetzt werden können.

b) Zur spezifischen Situation der Kinder gehört:

- das Alter;
- der individuelle Entwicklungsstand (physische und psychische Voraussetzungen);
- Kenntnisse und Vorerfahrungen (z.B. bereits gesammelte Wald- oder Naturerfahrungen);
- Können (Fähigkeiten und Fertigkeiten);
- die individuelle Erwartungshaltung hinsichtlich der gemeinsamen Aktivität (Einstellungen, Motive, Bedürfnisse).

c) Zur konkreten Situation der Gruppe gehört:

- die Anzahl der teilnehmenden Kinder;
- der Bekanntheitsgrad innerhalb der Gruppe;
- die Regelmäßigkeit, in der sich die Gruppe trifft;
- die Motivationslage;
- das soziale Klima und die Ausprägung von Gruppenfähigkeiten (Selbständigkeit, sich mitteilen, gemeinsam Probleme lösen und Ideen einbringen können,...).

d) Zur Betreuersituation gehört:

- ihre Anzahl;
- die psychische und physische Verfassung und ihre gegenseitige Akzeptanz;
- ihre Kompetenz (pädagogisches Geschick, Erfahrungen, Waldkenntnisse,...).

e) Zu den möglichen Risiken im Wald gehören:

- Gefahren durch Zecken und Fuchsbandwurm, Verlaufen, Verletzungen (Schürfwunden, Verstauchungen, Brüche) und Insektenstiche (vgl. Kap. 2.6.2.).

f) kindliche Bedürfnisse:

- Es ist wichtig, die Bedürfnisse der Kinder und ihre Vorlieben in der gegebenen Altersstufe zu kennen. Gespräche und genaues Wahrnehmen der Kinder helfen, richtige Entscheidungen zu treffen, so daß der Waldbesuch für die Kinder erlebnisreich wird (vgl. Kap. 3). Bei der Entscheidung für Aktivitäten kann es nützlich sein, herauszufinden, welche der kindlichen Bedürfnisse und Aktivitäten im gewöhnlichen Lebensumfeld der Kinder nicht „abgedeckt" werden. Die Möglichkeit von Kontrasterfahrungen wird viele Kinder begeistern.

g) Ziele

- Die Ziele, die hinter einer Aktion stehen, müssen in jedem Fall geklärt werden (vgl. ZIEGENSPECK, J., 1999, 2ff.). Die Betreuer entscheiden, wie die Kinder im Sinne der Erlebnispädagogik ganzheitlich gefördert werden können und ob bei einer Aktion bestimmte Aspekte (soziale, individuelle, ökologische, kognitive,...) im Vordergrund stehen. Mit der Entscheidung für bestimmte Aktivitäten können Schwerpunkte in die Arbeit gelegt werden. Tabelle 1 in Kap. 3 kann für eine Entscheidung Anregungen geben[31].

**Entscheidung für eine Aktivität**

Nach Berücksichtigung der genannten Aspekte können Entscheidungen für Aktivitäten getroffen werden. Mit den 14 möglichen Aktivitätsbereichen im Wald (vgl. Kap. 2.7.) steht der Gruppe mit ihrem Betreuer ein „Bausteinsystem" zur Verfügung, welches je nach kindlichen Bedürfnissen, gesteckten Zielen und den Umständen geschickt kombiniert werden kann.

Schließlich ist Flexibilität trotz aller notwendigen Planung wichtig, denn es geht immer darum, *'die richtige Aktivität am richtigen Ort zur richtigen Zeit'* durchzuführen und sich dabei den aktuellen Bedürfnissen der Kinder und den Bedingungen des Waldes anzupassen. Für erfahrene Betreuer sind diese eher voraussehbar. Genaues Wahrnehmen der vielfältigen Vorgänge innerhalb der Gruppe und der Umwelt hilft, neben Kommunikation und eigener Intuition, bei der richtigen Entscheidung (vgl. CORNELL, J., 1979, 16).

## 5.2. Allgemeine Hinweise zur konkreten Umsetzung von Aktivitäten

Nach der Entscheidung für eine Aktivität ergibt sich die Frage der konkreten Umsetzung.

**Zur Einbindung von Phantasie und Spiel**

Generell gilt für Grundschulkinder, daß Phantasie und Spiel vielen Aktivitäten einen guten Rahmen bieten, da die Aufmerksamkeit dadurch gebündelt und die Motivation für eine Aktivität erhöht wird. Dies gilt insbesondere für Aktionen, die im Freien stattfinden (vgl. CH-WALDWOCHEN, 7). Bei Kindern treten hier besonders oft „quirlige" Energien zutage. Außerdem werden Kinder durch die vielfältigen Entdeckungs- und Bewegungsmöglichkeiten leicht abgelenkt (vgl. CORNELL, 1991, 15). Wenn in Spiele und Aktivitäten Geschichten verwoben werden, ist ein motivierender Einstieg leichter möglich und der Hintergrund und Sinn eines Spiels kann eher begriffen werden. Auf die Altersgemäßheit der Geschichten ist besonders zu achten.

Waldpädagogen empfehlen für Tagesaktionen auch Rahmengeschichten, weil auf diese Weise *„ein roter Faden"* in die Waldführung gelegt wird. Die Spiele und Aktivitäten werden so als „sinnvolles Ganzes" begriffen und erhalten einen weiteren Spannungsbogen (vgl. KÖLLNER, S. / LEINERT, C., 41). Man geht davon aus, daß

31 Beispielsweise können, wenn der ökologische Aspekt im Mittelpunkt steht, Aktivitätsbereiche gewählt werden, die verstärkt einen Bezug zur Natur ermöglichen (Bsp.: A./B. Pflanzen und Tiere entdecken, H. Wahrnehmen und F. Spiele). Sollen soziale Aspekte überwiegen, bieten sich gemeinsame Spiele an usw..

sich auf diese Weise die einzelnen Aktivitäten bzw. Erlebnisse besser in der Erinnerung verankern (vgl. HÖHERE FORSTBEHÖRDE WESTPHALEN-LIPPE, 8).

Spiele sollten im Idealfall aus vier Phasen bestehen: *Einstieg, Aktion, Erlebnissicherung und Ausklang*. Die ersten beiden Phasen sind vom Betreuer planbar, während die letzten beiden von den Kindern bestimmt werden und offen sind, denn was jedes Kind in der Spielsituation erlebt, fühlt oder denkt, ist so individuell wie der Mitteilungsdrang (vgl. HÖHERE FORSTBEHÖRDE WESTPHALEN-LIPPE, 8).

Die gleichen vier Phasen können auch übergeordnet auf ein ganzes Tagesprogramm bezogen werden. Nach einem geeigneten Einstieg, bei dem sich die Gruppenmitglieder aufeinander einstimmen und die Kinder „aufgestaute" Energien ableiten können, kann die eigentliche Aktion stattfinden. Die Erlebnisse werden anschließend durch Gespräche oder ruhigere Angebote gesichert und verarbeitet. Zum Ausklang läßt sich ein Abschlußspiel, Lied oder Gespräch verwenden. Rituale geben Waldtagen eine zusätzliche Struktur. Sie vermitteln Kindern ein Gefühl der Sicherheit.

Joseph Cornell weist darauf hin, daß die Stimmung einer Gruppe mit Spielen und Aktivitäten beeinflußt werden kann. *Er unterteilt Spiele in drei unterschiedliche Kategorien: ruhig besinnliche, aktiv beobachtende und energievoll spielerische.* Dieser Wirkung von Spielen bzw. Aktivitäten sollte bedacht werden, wenn man in eine Aktionsphase oder eine Reflexionsphase übergehen will (vgl. CORNELL, J., 1979, 17).

**Flow learning von Joseph Cornell**

Die Möglichkeit, Erlebnisse anzubahnen, indem man geschickt Aktivitäten kombiniert, soll hier am Beispiel der Methode des Flow Learning dargestellt werden. Joseph Cornell hat sie entwickelt, um Naturerlebnisse zu ermöglichen. Flow Learning besteht aus vier Phasen:

- In der ersten Stufe wird Aufmerksamkeit und Begeisterung geweckt und die große Energie von Grundschulkindern durch lebhafte Spiele gebündelt.
- In der zweiten Stufe werden mit Hilfe von Wahrnehmungsspielen die Sinne angesprochen. Auf diese Weise wird ein Übergang zur ruhigen, nächsten Stufe ermöglicht.
- In der dritten Stufe erfahren die Kinder Natur unmittelbar. Es folgen Spiele, bei denen bestimmte Sinne verstärkt werden, um die Natur bewußter zu erleben.
- In der vierten Stufe werden die Erfahrungen mitgeteilt und reflektiert (vgl. CORNELL, J., 1991, 18ff.).

Joseph Cornell hat fünf Grundsätze zusammengestellt, wie man Kinder für die Natur begeistert. Grundlage für diese ist der Respekt für die Kinder und Verehrung für die Natur. Die Grundsätze lassen sich auf Erlebnispädagogik im Wald übertragen:

- *„Lehre weniger und teile mehr von deinen Gefühlen mit.*
- *Sei aufnahmefähig.*
- *Sorge gleich zu Anfang für Konzentration.*
- *Erst schauen und erfahren - dann sprechen [...]. Mach die Augen auf. Stelle Fragen. Verlaß dich auf dein Gespür. Je mehr [..]Kinder selbst in den Bann der Natur geraten, desto mehr wird sich deine Beziehung zu ihnen von der eines Lehrers und Mitforschers zu der eines Abenteuergefährten entwickeln.*
- *Das ganze Erlebnis soll von Freude erfüllt sein - sei es Fröhlichkeit oder ruhige Aufmerksamkeit. Kinder lernen wie von selbst, wenn sie glücklich und begeistert sind. Denke daran, daß deine eigene Begeisterung ansteckend wirkt und daß sie vielleicht dein größtes Kapital als Lehrer ist" (CORNELL, J., 1979, 14f.).*

**Behutsames Heranführen an den Wald**

Es wird immer auch Kinder geben, die sich im Wald nicht wohl fühlen, da er wegen seiner Fremdheit, Unüberschaubarkeit, seiner Tiere und Insekten usw. auch beängstigend und befremdlich wirken kann. Aus diesem Grund ist es wichtig, Kinder behutsam an den Wald heranzuführen. Dies trifft insbesondere dann zu, wenn sie nicht gewöhnt sind, in der Natur zu spielen. Waldkindergärten weisen außerdem darauf hin, daß Kinder das Spiel ohne fertiges Spielzeug z.T. erst wieder lernen müssen, so daß Aktivitäten zu Beginn verstärkt angeleitet werden müssen (vgl. KÖLLNER, S. / LEINERT, C., Vorwort).

**Regeln**

Um die Natur zu schützen, Gefahren zu vermeiden und ein friedliches Beieinander zu ermöglichen, sind Regeln notwendig. Sie sollten mit den Kindern gemeinsam besprochen, wenn möglich erarbeitet, und von allen verbindlich eingehalten werden. Neben den allgemein gültigen Regeln und Verhaltensweisen, die im Wald dem Betreuer bekannt sein müssen (vgl. Kap. 2.6.1.), sollten die Kinder wissen,

- daß Pflanzen nicht einfach abgebrochen oder ausgerissen werden dürfen;
- daß Müll immer mitgenommen wird;
- daß Schonungen und Hochstände nicht betreten werden;
- daß Tiere mit Jungen bzw. Vogelnester nur mit Abstand bewundert werden;
- daß nicht zu viel Lärm gemacht wird;
- an welchen Stellen die Gruppe beim Wandern aufeinander wartet;
- wie weit sie sich entfernen dürfen (z.B. Ruf- bzw. Sichtweite);
- welche Kletterbäume sie sich zutrauen können;
- welche Regeln es im Umgang mit Messern, Stöcken usw. gibt.

Verabredete Signale, bestimmte Plätze oder ein mit Stöcken gelegter Kreis helfen, Kinder im Wald wieder in der Gruppe zu sammeln (vgl. KÖLLNER, S. / LEINERT, C., 12 f.).

**Elterninformation**

Es ist sinnvoll, Eltern über Aktivitäten im Wald zu informieren. Über das geplante Programm, Kleidungshinweise und über Risiken im Wald können sie so im Vorfeld aufgeklärt werden (vgl. KÖLLNER, S. / LEINERT, C., 23). Möglichen Bedenken von Eltern wird damit vorgebeugt. In erster Linie interessieren Eltern Gefahren, die von Zecke und Fuchsbandwurm ausgehen. Zum Zeckenschutz bieten sich ätherische Öle, Hüte und bedeckende Kleidung an. In jedem Fall sollten die Kinder nach jedem Waldbesuch auf Zecken untersucht, bzw. sollte auf Krankheitszeichen von FMSE, wie z.B. Hautrötungen, geachtet werden. Es kann nach Elternabsprache auch sinnvoll sein, festzulegen, daß die Kinder generell nur gekochte Waldprodukte essen, um eine Gefährdung durch den Fuchsbandwurm auszuschließen. Genauere Informationen zu Gefahren im Wald finden sich in Kap. 2.6.2..

Eine enge Kooperation mit Eltern und Lehrern ist auch für den Betreuer hilfreich. Verhaltensauffälligkeiten von Kindern können in Zusammenarbeit besser eingeordnet und auch die Aufstellung von Regeln und die Programmplanung kann erleichtert werden (vgl. KÖLLNER, S. / LEINERT, C., 24).

## 5.3. Die Rolle des Erlebnispädagogen mit Kindern im Wald

In Kapitel 1 wurde dargestellt, daß Erlebnispädagogik u.a. immer etwas mit:
*„learning by doing"; Selbsttätigkeit / Selbstbestimmung / Selbständigkeit; der Möglichkeit, Verantwortung zu übernehmen; Freiwilligkeit; Einlassen auf Neues; Gruppengemeinschaft und Reflexion* zu tun hat.

Diese Grundsätze sollen nun auf Aktivitäten im Wald mit Kindern bezogen werden.

**a) „learning by doing"**

Aus „Learning by doing" folgt, daß der Betreuer sich mit Erläuterungen über den Wald möglichst zurückhalten und diese nur bei Interesse der Kinder anbringen sollte. Kinder haben einen natürlichen Wissensdrang und die Fähigkeit zu staunen. Fragen ergeben sich durch Aktivitäten von selbst. Joseph Cornell schreibt treffend über Erläuterungen:

> *„Draußen zu sein ruft im Kind eine spontane Begeisterung hervor, die Du geschickt für sein Lernen nützen kannst. Sei feinfühlig: jede Frage, jeder Kommentar, jeder freudige Ausruf ist eine Gelegenheit zur Kommunikation. Reagiere auf die Gefühle, die ein Kind gerade hat. Du kannst seinen Interessenhorizont mühelos erweitern, wenn du dich beim Lehren vom roten Faden seiner eigenen Neugier leiten läßt" (CORNELL, J., 1979, 14).*

Um auf spontan auftretende Beobachtungen der Kinder reagieren zu können, ist, neben eigener Begeisterung und Entdeckerfreude, eine gute Kenntnis des Waldes und der Waldgeschichte nützlich.

**b) Selbsttätigkeit / Selbstbestimmung / Selbständigkeit**

Aus diesem Grundsatz folgt, daß der Betreuer mit seinen Vorschlägen zurücktreten sollte, sobald die Kinder anfangen, sich selbständig zu beschäftigen. Weniger ist oft mehr und es ist wichtig, den Kindern Zeit zu geben, wenn sie in eine Aktivität vertieft sind (vgl. CH- Waldwochen, 7). Die Bedeutung des Prozesses einer Handlung auf der Basis der freien Entscheidung wurde bereits in Kapitel 3.1. eingehend beschrieben. Es ist wichtig, daß sich der Betreuer in diesen Prozeß so wenig wie möglich einmischt und je nach Voraussetzungen der Gruppe möglichst weit im Hintergrund agiert. Grenzen findet die Autonomie bei möglichen Gefahren bzw. bei Aktivitäten, die das Gruppenklima oder den einzelnen belasten.

**c) Verantwortung abgeben**

Wann immer es möglich ist, sollte Verantwortung abgegeben werden. Dies wird bei Gruppen, die sich regelmäßig treffen, den Wald gewöhnt sind und die der Betreuer gut kennt, eher umsetzbar sein. Kinder können im Gruppenrat ihre Ideen einbringen, Verantwortung für Material übernehmen, Karte lesen usw. und auf diese Weise ein Stück Verantwortung für die Gestaltung des Tages übernehmen. Mit zu viel übertragener Verantwortung können Kinder überfordert werden, deshalb ist genaues Abwägen wichtig.

**d) Freiwilligkeit**

Generell sollte Freiwilligkeit bei Aktivitäten gelten. Manchmal lassen sich aber Entscheidungen, die die ganze Gruppe betreffen, nicht im Gesamtkonsens lösen, so daß einige Kinder das Nachsehen haben werden. Häufig helfen Kompromisse. Entscheidungen des Betreuers sollten Kindern einsichtig gemacht werden.

**e) Sich einlassen auf Neues**

Dieser Grundsatz fordert Betreuer dazu auf, immer auf der Suche nach interessanten Aktivitäten zu sein, in denen sich für Kinder kreative Lösungswege anbieten und die Überraschendes bereithalten. Wer sich selbst auf Neues einlassen kann, ermutigt Kinder ebenfalls etwas zu wagen. Sich auf Neues einzulassen erfordert vom Betreuer ein hohes Maß an Flexibilität. Gelingt ihm diese Offenheit, kann er sowohl auf Ideen und Bedürfnisse der Kinder als auch auf im Wald auftretende unvorhersehbare Gegebenheiten (z.B. Tiere oder Wetterveränderungen) gut eingehen (vgl. CH-WALDWOCHEN, 7).

**f) Gruppengemeinschaft**

Das Gruppenklima bzw. die Gruppengemeinschaft ist entscheidend für das Gelingen von Aktivitäten in der Erlebnispädagogik. Eine Kindergruppe, die sich untereinander nicht kennt, benötigt deshalb unbedingt eine *Kennenlernphase*. Ist das Gruppenklima gut, bieten sich durch die Gruppe große Lernpotentiale für den einzelnen. Die Gruppe vermittelt außerdem Geborgenheit, die die Kinder in dem zumeist unbekannten Lernort Wald benötigen. Auf Zeiten für Gemeinschaft mit der gesamten Gruppe ist deshalb unbedingt zu achten. Gemeinsame Aktivitäten, insbesondere Kooperationsspiele, Gespräche und Singen, fördern positive Gruppenerlebnisse.

**g) Reflexion**

Reflexion wird benötigt, damit Erlebtes verarbeitet werden und zu Erkenntnissen „aufsteigen" kann (vgl. Kap. 1). Für jedes Spiel bzw. jede Aktivität sollte man sich deshalb genügend Zeit lassen und nicht in einen blinden Aktivismus verfallen (vgl. Kap. 5.2.). Es geht darum, ein den Kindern entsprechendes Gleichgewicht zwischen Aktion und Reflexion (Bewegung und Ruhe) zu ermöglichen. Gruppengespräche können bei der Reflexion eine entscheidende Rolle spielen. Künstlerisches Gestalten, Meditieren oder Geschichten Erzählen und Erfinden eignen sich ebenfalls, um Erlebtes zu verarbeiten (vgl. Tab. M., K., L. in Kap. 4). Zeit für Reflexion sollten sich auch Betreuer nehmen.

## 5.4. Zusammenfassung

Bei der Entscheidung für bestimmte Aktivitäten sollten folgende Fragen berücksichtigt werden:

*Wieviel Zeit / welcher Wald / welches Material steht zur Verfügung?*
*Welche organisatorischen, finanziellen und rechtlichen Fragen müssen abgeklärt werden?*
*Welche Risiken sind zu bedenken? Welche Regeln notwendig?*
*Welche Kinder sollen angesprochen werden?*
*Wie ist die konkrete Situation der Gruppe und der Betreuer?*
*Welches Ziel soll verfolgt werden?*

Es wurde deutlich, daß nach der Entscheidung für eine Aktivität die Art der Durchführung eine entscheidende Rolle spielt, um Aktivitäten im Sinne der Erlebnispädagogik durchzuführen.

- Ihren Grundsätzen entsprechend gehört dazu soviel Selbstbestimmung, Selbsttätigkeit, Selbständigkeit, Freiwilligkeit und übertragbare Verantwortung wie möglich. Ziel ist es deshalb, daß der Betreuer versucht, eher im Hintergrund zu agieren und „überflüssig" zu werden. Bei sich regelmäßig treffenden Gruppen wird dies eher möglich sein, als bei einmaligen Waldtagen. Grenzen findet die Autonomie bei möglichen Gefahren bzw. bei Aktivitäten, die das Gruppenklima oder den einzelnen belasten. Klare Regeln helfen, die notwendigen Grenzen einzuhalten.
- Auf die Gruppengemeinschaft ist Wert zu legen. Kinder können sich auf diese Weise in einer Gruppe im Wald aufgehoben fühlen und über positive Gruppenerlebnisse viele soziale Kompetenzen erlernen. In Gruppengesprächen lernen sie, gemeinsam Aktivitäten zu planen und durchzuführen.

- Auf Reflexionszeiten ist besonders zu achten, da auf diese Weise Erlebnisse zu Erkenntnissen „aufsteigen“ können und Aktivitäten nicht zu „events“ verkommen. Bei geplanten Aktivitäten ist „weniger deshalb oft mehr“.
- Es ist wichtig, daß Erläuterungen aus Fragen der Kinder resultieren. Fragen ergeben sich, wenn Kinder über Aktivitäten lernen („learning by doing“).
- Die angebotenen Aktivitäten sind möglichst vielseitig zu gestalten, damit sich die Kinder immer wieder auf „Neues einlassen können“ und so ganzheitlich gefördert werden.

  Auf den Betreuer bezogen beinhaltet „sich auf Neues einlassen“ die Fähigkeit, flexibel reagieren zu können, denn nur dann kann er offen für Vorschläge der Kinder sein. Je mehr Kompetenzen (pädagogisches Geschick, Erfahrungen, „Waldwissen“, Repertoire an Spielen,...) ein Betreuer besitzt, desto leichter wird ihm flexibles offenes Verhalten fallen.

Waldpädagogen empfehlen im Grundschulalter die Einbindung von Geschichten und Spielen in verschiedene Aktivitäten, weil die Aufmerksamkeit der Kinder dadurch stärker gebündelt wird. Behutsames Heranführen an den Wald ist ebenfalls wichtig. Rituale geben dem Waldtag eine Sicherheit vermittelnde Struktur.

## 5.5. Thesenbestätigung: Der Wald ist ein erlebnispädagogischer Lernort für Kinder

Kapitel 2.7. und Kap. 4 stellten zahlreiche im Wald mögliche Aktivitäten dar. Kap. 3.2. verdeutlichte, daß die im Wald möglichen Aktivitäten den Bedürfnissen von Kindern entsprechen. Kap. 3.4. zeigte, daß die Aktivitäten Erlebnisse und damit verbunden Erkenntnisse ermöglichen, so daß sich die Kinder in ihrer gesamten Persönlichkeit (emotionalen, sozialen, psychomotorischen und kognitiven Bereichen) weiterentwickeln können. Kapitel 5.3. erläuterte, wie Aktivitäten im Wald im Sinne der Erlebnispädagogik umgesetzt werden. Damit sind die in Kapitel 1.4. erarbeiteten Bedingungen erfüllt, so daß festgehalten werden kann:

*Der Wald ist ein erlebnispädagogischer Lernort für Kinder.*

# 6. Der Wald als Lernort für Kinder in Geschichte und Gegenwart

## 6.1. Die Waldschulbewegung

1904 eröffnete in Charlottenburg die erste Waldschule in Deutschland. Waldschulen (auch Freilichtschulen genannt) wurden in den nachfolgenden Jahren in vielen Städten Deutschlands gegründet. Die Idee entsprang der Tatsache, daß viele Kinder in den Städten kränklich waren und die normalen Stadtschulen diesen Zustand - mit schlechten Schulbänken, zu wenig Licht und verbrauchter Luft in den viel zu großen Klassen - eher förderten.

Der Unterricht in Waldschulen fand bei guter Witterung im Freien statt. Frische, reine Luft, gesundes Essen, Ruhepausen, freies Spiel, Bewegung, Sport und Gartenarbeit sollten das Immunsystem stärken und den Gesundheitszustand der Kinder wesentlich verbessern. Außerdem sollte die Natur das „Gemüt" positiv ansprechen. Musikunterricht und Chor waren weitere Programmpunkte im Tagesablauf. Die reine Unterrichtszeit war kürzer als in Regelschulen und die Schülerzahl in den Klassen deutlich geringer. Die ersten Waldschulen glichen eher Sanatorien und Erholungsstätten[32], die nur halbjährlich geöffnet waren und die die Kinder gewöhnlich nach einem halben Jahr wieder verließen (vgl. BERGER, M., 35ff.). H. Bierbaum, ein Lehrer der Waldschule M. Gladbach schreibt 1910 über die Besserung des Gesundheitszustandes:

> *„Die Kinder fühlen sich gar bald recht wohl und glücklich da draußen im schönen Walde. Schon nach wenigen Wochen färben sich die bleichen Wangen mit einem frischen Rot, die schlaffen Züge verlieren den Ausdruck der Müdigkeit und Abspannung, und aus den vorher glanzlosen Augen strahlen Lust und Lebensfreude." (BIERBAUM, H. / DÖRENKAMP, G., 8)*

Im Laufe der Jahre wurde das Lernen und der Aufenthalt im Freien zur pädagogischen Norm erhoben und Waldschulen wurden auch für gesunde Kinder gegründet, da sich Defizite abzeichneten, deren Ursachen man in der Verstädterung sah. Jaesrich, Schulleiter der Waldschule Charlottenberg, führte aus:

> *„Der geistige Einfluß der Großstadt in seiner schädlichen Wirkung zeigt sich erschreckend an unseren Kindern. Die Riesenstadt mit ihrem rastlos flutenden Leben hat der geistigen Anregungen zu viele, durch Eindrucksfülle tritt geistige Überfütterung ein. Die Folge ist Nervosität, Unfähigkeit zur Konzentration, Oberflächlichkeit, Unlust und Unfähigkeit zu vertiefendem Denken, zur Ausdauer bei der Arbeit [...].*

---

32 Viele Kinder hatten Lungenleiden, Tuberkulose oder Rachitis.

> *Was Not tut, ist Ruhe und Vertiefung, bei einer Sache bleiben, jede Arbeit zu Ende führen (auf Kosten der Stoffülle), Einbeziehung natürlicher Faktoren, die Naturnähe mit ihrem Lebensrhythmus, den natürlichen Spieltrieb des Kindes." (Jaesrich, zit. bei: BERGER, M., 41)*[33]

Weil viele Eltern arbeiteten und durch die wirtschaftliche Not belastet waren, wurden Waldschulen nun gewöhnlich als Ganztagsschulen das ganze Jahr über betrieben. Jaesrich begründete diese Veränderung wie folgt:

> *„Die Familie ist für viele Kinder nicht mehr die wichtige Erziehungsstätte, die sie naturgemäß sein sollte. Eheliche Zerwürfnisse der Eltern, oft nur aus der Enge wirtschaftlicher Not entstanden, lasten als schwerer Druck auf dem Seelenleben manches Kindes und vergiften seine Kindheit [...]. Der häufigste Fall aber: Die Kinder sind zu Hause sich selbst überlassen, weil auch die Mutter zur Arbeit gehen muß [...]. Im Hinblick auf diese Gefahr seelischer Verkümmerung innerhalb der Familie, die sich natürlich körperlich auswirkt, gewinnt der Tagesbetrieb der Waldschule große Bedeutung: Kann er auch nicht vollwertiger Ersatz für ein gesundes Familienleben sein, so gewährt er doch durch die Tatsache, daß das Kind den ganzen Tag über [...] draußen ist, einen Schutz vor der Ungunst häuslicher Verhältnisse, vor den Gefahren und Verlockungen des Asphalts. Und dann: wir leben zusammen, jahrelang, den größten Teil des Tages. In gemeinsamer Arbeit, bei gemeinsamer Mahlzeit, in gemeinsamem Spiel, in freier Natur. Getragen von dem Gesamtwillen: keinem Unrecht zu tun. Ein solches Zusammenleben erzieht durch sich selbst. Die übliche Stadtschule mit ihrem Massenbetrieb ist eine solche Erziehungsstätte nicht." (Jaesrich, zit. bei: BERGER, M., 41)*

**Zugeschriebene Vorteile des Waldaufenthalts**

Lehrer der Waldschule M. Gladbach äußerten sich 1910 über die Möglichkeiten des Waldes für Kinder folgendermaßen:

> *„Das Spiel im Walde ist weit anregender und abwechslungsreicher und bietet mehr Gelegenheit zu frischer Bewegung und körperlicher Betätigung [...]. Daneben lockt der weite, schattige Wald zu häufigen Spaziergängen und Ausflügen, welche, abgesehen von dem günstigen Einflusse auf das allgemeine körperliche Wohl, eine besonders schöne und zweckdienliche Gelegenheit für Atem- und Lungengymnastik sind." (BIERBAUM, H., / DÖRENKAMP, G., 11)*

Der Wald wurde darüber hinaus regelrecht als Erzieher angesehen. So heißt es weiter:

> *„Der Wald ist ein trefflicher Erzieher. Schon der längere tägliche Aufenthalt im stillen, grünen Waldesdome übt auf das Gemüt und die Sitten des Menschen, besonders auch des Stadtkindes, einen veredelnden Einfluß aus. Geist und Herz des Kindes sind befangen in dem ungewohnten, lieblichen Zauber der lauschigen, friedlichen Einsamkeit. Wenn dann aus den rauschenden Baumkronen ein frohes Lied erschallt, wenn das Eichhörnchen in tollen Sprüngen durch die Bäume huscht, wenn am sprudelnden Quell, am klaren Bache die mannigfaltigsten Blumen ihre farben-*

33 Wäre das Zitat in einem etwas anderen Sprachstil verfaßt, würde es durchaus in so manche Feststellungen heutiger Pädagogen passen. Statt von Eindrucksfülle spricht man von Reizüberflutung, statt von konzentrationsschwachen nervösen Kindern von hyperaktiven. Bedenklich ist, daß die Probleme ähnlich geblieben zu sein scheinen.

*prächtigen duftigen Kelche erschließen, wenn das Kind das geheimnisvolle, wunderbare Wirken und Weben in der Natur beobachtet, da jauchzt und jubelt es mit aus vollem Herzen, da ziehen schöne Empfindungen, edle Gefühle in seine junge Seele, da erkennt und fühlt es, wie mißtönend rohe Sitten und ungehöriges Betragen in diese Harmonie hinein klingen würden. Hier findet das Kind eine andere, von dem Jagen und Hasten der Stadt verschiedene Welt; es lernt edlere Genüsse, schönere Freuden kennen und schätzen. Den jungen Baum sieht es wachsen, Blätter und Blüten treiben und Früchte bringen; es verfolgt die Entwicklung der Blume vom Keime bis zur entfalteten Blüte; unter seinem Auge schlüpft aus der starren Puppe der schillernde Schmetterling hervor und baut mit beharrlichem Müh'n der Vogel sein niedliches Heim. Das weckt Freude und Interesse an der Natur und Achtung vor ihren Erzeugnissen. Gerade aber daran fehlt es, trotz allen Bemühens der Volksschule unserer städtischen Jugend, und aus diesem Mangel erklärt sich der häufige, vielfach gerechtfertigte Vorwurf, daß besonders die städtischen Ausflügler, jung und alt, ihren Weg häufig durch Verwüstung und Zerstörung des Naturschmucks kennzeichnen." (BIERBAUM, H., / DÖRENKAMP, G., 13)*

In diesem Zitat fällt auf, daß der Wald und seine Wirkungen romantisch sehr verklärt werden und seine positive Einflußmöglichkeit auf die Persönlichkeit des Kindes wohl überschätzt wird. Die zentralen, immer noch hochaktuellen Möglichkeiten des Waldes werden aber bereits herausgearbeitet:

- Der Wald spricht die Sinne an (vgl. Stichworte: frohes Lied, farbenprächtige, duftige Kelche).
- Im Wald können Tiere und Pflanzen entdeckt, beobachtet und in ihren Zusammenhängen erfahren werden (vgl. Stichworte: Eichhörnchen, Baum, Blumen, Wirken und Weben in der Natur).
- Der Wald stellt eine Gegenwelt zur Stadt dar (vgl. Stichworte: Jagen und Hasten der verschiedenen Welt...).
- Im Wald kann Freude und Interesse an der Natur und Achtung vor ihren Erzeugnissen geweckt werden, die bei vielen Jugendlichen in der Stadt nicht mehr vorhanden sind (vgl. letzten Abschnitt im Zitat).

Dem Wald werden weitere Wirkungen zugeschrieben:

*„Abgesehen davon, daß sich hier besonders augenfällig das Wort vom gesunden Geist im gesunden Körper bewahrheitet, ist der Wald so recht geeignet, die Regsamkeit des Geistes zu wecken und zu fördern. Hier tritt dem Kind eine neue, bis dahin fremde Welt entgegen; es erblickt überall Dinge und Erscheinungen, die es noch nicht gesehen hat und für die es sich lebhaft interessiert. Mit freudigem Eifer spürt es diesen Dingen nach; sein Gesichtskreis erweitert sich, sein Geist bekommt eine Fülle neuer Vorstellungen, die Aufmerksamkeit wird reger, die Beobachtungsgabe geweckt und geschärft: das Kind wird unterrichtsfähiger. Da sieht es um sich herum tausend Wunder und Rätsel, für die es vielfach keine Erklärung weiß; es ist wißbegierig auf die gelegentlich oder im Unterrichte erfolgende Aufklärung durch den Lehrer: das Kind wird unterrichtsfreudiger. Der Unterricht gestaltet sich da draußen in der frischen Waldesluft, unter dem grünen Dache der Bäume viel lebhafter und erfolgreicher, als zwischen den vier Wänden des Schulzimmers. Der frische Lufthauch und der helle Sonnenschein machen den Geist freier und aufnahmefähiger; Lehrer und Schüler sind in einer gehoben, arbeitsfreudigen Stimmung [...]. Im Mittelpunkt*

*des Unterrichts steht die Naturkunde. Sie vermittelt dem Kinde einen reichen Schatz einschlägigen Kennens und Wissens, einen sicheren, bleibenden Grundstock für allen späteren naturkundlichen Unterricht [...]. Das Kind steht mitten in der Natur; es bekommt auf Grund der unmittelbaren Anschauung klare und deutliche Vorstellungen von ihren Objekten und Erscheinungen, erkennt den Zusammenhang und die Wechselbeziehungen zwischen denselben; es wird zum Beobachten, Urteilen und Schließen gedrängt oder leicht angeleitet und sucht nach Grund und Zweck des Beobachteten: Das Kind lernt denken. Gleichzeitig wächst in ihm der Glaube und das Vertrauen auf die eigene Geisteskraft, das Gefühl der Selbständigkeit." (BIERBAUM, H., / DÖRENKAMP, G., 14f.)*[34]

In diesem Text finden sich ebenfalls Aspekte, die dem Wald heute immer noch zugesprochen werden: Das Argument der unmittelbaren Anschauung und die Möglichkeit, durch den Wald einen Grundstock für allen späteren naturkundlichen Unterricht zu legen, ist nach wie vor einleuchtend. Die Förderung von: Konzentration, Aufmerksamkeit, Beobachtung und Denkfähigkeit durch Waldaktivitäten wurde in dieser Arbeit in Kapitel 3.4. ebenfalls deutlich.

Die Waldschulbewegung hat sich vermutlich wegen des Nationalsozialismus nicht weiterentwickeln können. Die Idee, Waldaufenthalte in die Schule zu integrieren, ist jedoch beständig geblieben. Waldklassenzimmer sind hierfür nur ein Beispiel.

## 6.2. Plädoyer für verstärkten Aufenthalt von Schulklassen im Wald

Bei heutigen Schulen in Deutschland bleibt es dennoch gewöhnlich bei nur einem einmaligen Waldausflug im Jahr[35]. Die positiven Erfahrungen der Waldschulen werfen die Frage auf, ob Schulklassen heute, insbesondere in der Grundschule, nicht regelmäßiger die Chance wahrnehmen sollten, den Wald aufzusuchen, zumal sich die im Wald möglichen Aktivitäten (vgl. Kap. 4) besonders gut in den Fächerkanon einfügen lassen, wie nachstehende Tabelle verdeutlicht.

---

34 Im Anschluß an diesen Text wird erläutert, wie im Waldunterricht Deutsch, Mathematik, Geschichte, Geographie, Religion und Musik einfließen kann.

35 Es würde sich lohnen, der Frage nachzugehen, warum dies so ist. Im Rahmen dieser Arbeit konnte dies leider nicht erfolgen.

**Tab. 3: Integration möglicher Aktivitäten in den Fächerkanon der Grundschule**

| *Fach* | *Aktivitäten* |
|---|---|
| Sachunter-richt: | A. Pflanzen entdecken<br>B. Tiere entdecken und beobachten<br>C. Sammeln<br>D. Gesammelte Pflanzen verarbeiten<br>H. Wahrnehmen<br>I. Alltag unter einfachen Bedingungen erleben<br>L. Geschichten hören,...<br>N. Feste feiern |
| Deutsch: | L. Geschichten hören, erzählen und selber erfinden<br>M. ...Theater spielen<br>O. Gruppengespräche |
| Werken: | E. Bauen und Gestalten |
| Sport: | F. / G. Spielen und Bewegen |
| Musik: | M. Musizieren,...<br>E. Bauen und Gestalten: Musikinstrumente herstellen<br>H. Wahrnehmen: Wald hören<br>N. Feste feiern |
| Kunst: | M. ... künstlerisch Gestalten,...<br>E. Bauen und Gestalten<br>H. Wahrnehmen<br>N. Feste feiern |
| Religion: | K. Meditieren<br>L. Geschichten hören, ... |
| Mathematik: | F. Spielen: Ratespiele (Schätzen, Messen,...) |

**Chancen im Wald für Schule**

Aspekte, die für eine verstärkte Einbeziehung des Waldes in der Grundschule sprechen, sind folgende:

- Im Wald liegen *hohe Bildungspotentiale*.

  In Kapitel 2 wurde bereits ausführlich dargestellt, daß der Wald in seinen vielfältigen Bezügen verschiedene Aspekte naturwissenschaftlicher, ökologischer, historischer, kultureller, künstlerischer und literarischer Art bereit hält, so daß unterschiedliche Schulfächer berücksichtigt werden können.

- Die im Wald möglichen *vielfältigen Aktivitätsbereiche* fügen sich erstaunlich gut in den Fächerkanon der Grundschule ein (vgl. Tabelle 3) und fördern die gesamte Persönlichkeit (vgl. Kap. 3.4.). Die *Lernpotentiale*, die die einzelnen Aktivitätsbereiche beinhalten, sind bereits in Kap. 3.4. veranschaulicht worden. Im Wald kann fächerübergreifend gearbeitet werden. Projektunterricht bietet sich an. Im Sachkunde-, Deutsch-, Sport-, Werk- und Kunstunterricht, ergeben sich mögliche Schwerpunkte (vgl. Tabelle 3).
- Die im Verlauf dieser Arbeit dargestellten *Chancen des Waldes, den Bedürfnissen von Kindern zu entsprechen* und über Aktivitäten Erlebnisse und damit verbunden Erkenntnisse zu ermöglichen, machen deutlich, daß der Wald ein besonders geeigneter Lernort für Kinder ist.
- Für die auch in Schulen hochrelevant gewordene *Umweltbildung* ist der Wald geradezu prädestiniert (vgl. Kap. 3.1.).
- Nicht zuletzt zeigt die Geschichte der *Waldschulbewegung*, daß Schule im Wald bereits viele Jahre erfolgreich stattgefunden hat.

**Notwendige Veränderungen**

Um regelmäßigen „Klassenunterricht" im Wald zu ermöglichen, müßten verstärkt *Fortbildungsmöglichkeiten für Lehrer* zum Thema Wald vom Staat ermöglicht werden. Denkbar wäre auch eine erhöhte *Anstellung von Waldpädagogen* durch das Land, mit denen die Kinder im Beisein des Lehrers den Wald entdecken können. Besser ausbauen lassen sich außerdem die Beziehungen zwischen Forstämtern und Schulbehörden. Nicht zuletzt sollte über einen auf die Schule bezogenen *Ausbildungszweig Waldpädagogik* nachgedacht werden.

Ansätze für die Erfüllung der genannten Forderungen finden sich bereits in den CH-Waldwochen in der Schweiz oder in rollenden Waldschulen (vgl. Kap. 6.3). Ein Ausbau wäre wünschenswert.

## 6.3. Waldpädagogik

Im folgenden Unterkapitel wird dargestellt, welche Bildungsangebote im Wald bereits vorhanden sind. Da sie derzeit vielfach unter dem Stichwort „Waldpädagogik" zusammengefaßt werden, wird zunächst auf diese Thematik näher eingegangen. Ziel des folgenden Unterkapitels ist es dann, herauszufinden, inwieweit erlebnispädagogische Elemente in die Waldpädagogik bereits einfließen, inwiefern der Wald also bereits ein erlebnispädagogischer Lernort für Kinder ist.

**Bildungseinrichtungen im Wald**

Seit Mitte der 80er Jahre läßt sich ein wachsendes Interesse der Bevölkerung am Wald feststellen. Als mögliche Ursache hierfür sehen Förster die große Medienpräsenz des Waldes in dieser Zeit an. Private Träger, Verbände und staatliche Organisationen haben sich dieses Interesses angenommen und versuchen, den Wald zu einem Ort der Naturerfahrung werden zu lassen. Sie entwickeln auf den Wald bezogene Bildungsangebote und treten an eine breite Öffentlichkeit heran. Parallel dazu erhält die Umwelterziehung in den Schulen und in der beruflichen Ausbildung einen größeren Stellenwert. Pädagogische Angebote zum Thema Wald nehmen zu. Die Gründung von Zentren und Einrichtungen der Waldpädagogik ist dafür nur ein Indiz (vgl. SCHWEIZERISCHE ZEITSCHRIFT FÜR FORSTWESEN, Einleitung, 161). Kinder und Erwachsene, die den Wald in erster Linie von sonntäglichen Spaziergängen, Freizeitaktivitäten sportlicher Art oder aus den Medien kennen, erhalten durch Bildungsangebote die Möglichkeit, sich mit der Existenz von Bäumen und Wäldern und den mit ihnen verbundenen anderen Lebewesen auseinanderzusetzen. Die Bedeutung des Waldes wird erläutert und auch forstliche Tätigkeiten werden den Besuchern nahegebracht (vgl. SCHMITHÜSEN, F. / DUHR, M., 165f.).

Derzeit drücken sich viele verschiedene Strömungen in waldpädagogischen Ansätzen aus. Gegenwärtig gibt es im deutschsprachigen Raum ca. 150 Waldschulen oder - besser gesagt - waldpädagogische Einrichtungen mit mehr oder minder institutionalisierten Aktivitäten. Neben permanenten öffentlichen oder privaten Trägern, die gewöhnlich über ausgebildetes Lehrpersonal verfügen, gibt es eine Palette ähnlicher Anbieter mit recht breiter Streuung der angestrebten Bildungsziele, der verwendeten pädagogischen Konzepte und des Zielpublikums. Das Angebot ist vielseitig und reicht von stundenweisen Führungen, geleitet durch Animateure 'fliegender Rucksackschulen', über einen ganzen Waldtag bis hin zu Wochenend- oder mehrtägigen Aufenthalten (vgl. Seeland, K. bei: BRILLING, O., 306f.). Durchgeführt wird Waldpädagogik dabei von unterschiedlichsten Berufsgruppen wie Erziehern, Lehrern, Umweltpädagogen, Künstlern, Wissenschaftlern und Forstleuten (vgl. SCHMITHÜSEN, F. / DUHR, M., 169).

### Konzepte waldpädagogischer Einrichtungen

Inhaltlich sind die Konzepte waldpädagogischer Einrichtungen heute mehrheitlich eine Mischung von reformpädagogisch, anthroposophisch orientierten oder an der Sinnesschulung nach Kükelhaus ausgerichteten Inhalten. Waldpädagogische Jugendarbeit ist geprägt durch Verknüpfungen von naturkundlichen, natur- und lebensphilosophischen Ansätzen mit gesellschaftspolitischen Anliegen wie der Friedenserziehung oder öko-politischen Motiven (vgl. Seeland, K., bei: BRILLING, O., 306f.). Der Trend zum „unmittelbaren Walderleben“ nimmt zu (vgl. Kap. 6.4.)[36].

---

36 Schmithüsen berichtet: *„1992 wurde in Zürich im Rahmen eines internationalen Seminars zur Waldpädagogik eine Bestandsaufnahme der schweizerischen Aktivitäten zur Bildungsarbeit im Wald durchgeführt. Dabei konnte festgestellt werden, daß die meisten der neu entstandenen Organisationen und Zentren bei ihren Bildungsangeboten primär das Ziel verfolgen, Kindern, Jugendlichen und zunehmend auch Erwachsenen die Vielfalt des Waldes unmittelbar erleb- und erfahrbar zu machen. Im Rahmen persönlicher Erlebnisse und Erfahrungen werden Kenntnisse über den Wald und die Lebewesen in ihm vermittelt.“* (SCHMITHÜSEN, F. / DUHR, M., 165f.)

**Zur Diskussion des Begriffs „Waldpädagogik"**

Was unter dem Begriff „Waldpädagogik" verstanden werden soll und welche Ziele und Methoden die Waldpädagogik wählen soll, darüber wird derzeit noch gestritten (vgl. SCHNEIDER, C., 23). Nach Angaben von Franz Schmithüsen und Michael Duhr ist der Begriff „Waldpädagogik" neu. Seine Notwendigkeit begründen sie u.a.:

- aus dem Umfang der Bildungsangebote und erzieherischen Aktivitäten, die den Wald zum Gegenstand haben oder in ihm stattfinden.
- aus der Bedeutung, die der Wald generell für die Umweltpädagogik bekommen hat (vgl. SCHMITHÜSEN, F. / DUHR, M., 167).

Waldpädagogik umfaßt für sie im Sinne der Definition von Pädagogik nach Böhm das eigentliche Handeln und die Theorie dieses Handelns:

> *„Dazu gehört die Entwicklung und Durchführung von waldbezogenen umweltpädagogischen Bildungsangeboten und auf die Waldpädagogik bezogene Aktivitäten der Erziehungs- und Forstwissenschaften einschließlich ihrer wissenschaftlichen Grundlagen. In der Waldpädagogik ist der Wald inhaltlicher Gegenstand, Ort und didaktisches Mittel zugleich. Hier werden Wald- und damit auch Naturerfahrungen ermöglicht." (SCHMITHÜSEN, F. / DUHR, M., 167f.)*

Eberhard Bolay verknüpft Waldpädagogik unmittelbar mit Erlebnispädagogik (vgl. Kap. 6.4.), während Klaus Seeland vorschlägt, Waldpädagogik nicht nur im engeren Sinn von Umwelterziehung und Pädagogik zu sehen, sondern Waldpädagogik weitreichender als „Bildung im Wald" zu verstehen, so daß ein umsichtiges Wissen in Zusammenhänge möglich wird. Er versteht Waldpädagogik so, daß sie eine Fülle unspezifischer Angebote anbieten soll, ohne mit dem Zeigefinger erziehen oder bewerten zu wollen. Dies sei ein hoch zu veranschlagender Wert und ein Privileg der Waldpädagogik. Bildung im Wald / Waldpädagogik sollte sich nach Ansicht von Klaus Seeland unspezifisch an allen Aspekten des Waldes orientieren, also keinen bestimmten bevorzugen und somit das „Waldganze" würdigen (vgl. SEELAND, K., 1993, 183).

Abschließend festzustellen ist also, daß sich der Begriff Waldpädagogik inhaltlich immer noch in einem Klärungsprozeß befindet und in seiner weitesten Definition alle Bildungseinrichtungen im Wald beinhaltet.

**Die Bedeutung der Waldpädagogik**

Die Bedeutung der Waldpädagogik ergibt sich u.a. aus der aktuellen gesellschaftlichen Diskussion über Natur. Diese wird nach Seeland / Hirsch / Brunner in den kommenden Jahrzehnten noch vermehrt zu einem politischen Thema, weil sich *die gesellschaftliche Diskussion um die Natur, aller Voraussicht nach, an den Themen Wald, Klima und Wasser orientieren wird.* In Bezugnahme auf das relevante Grundanliegen der Umweltpädagogik, die Trennung von Mensch und Natur zu überwinden, kommt dem Wald eine besondere Bedeutung zu. Er wird zum *Bildungsgut*. Waldpädagogische Bildungsangebote sollten deshalb als Komponente der Persönlichkeitsbildung erachtet werden (vgl. SCHMITHÜSEN, F. / DUHR, M., 167f.).

Die in Kapitel 3 aufgezeigten, heute häufig nicht befriedigten Bedürfnisse von in Städten aufwachsenden Kindern, weisen der Waldpädagogik eine weitere Bedeutung zu: Neben der Chance für Umweltbildung, bietet der Wald dem Kind die Möglichkeit, Bedürfnisse auszuleben, für die sonst kein „Raum" vorhanden ist.

**Ursprünge der Waldpädagogik**

Die Ursprünge heutiger Waldpädagogik gehen auf das 19. Jahrhundert zurück, als nachweislich in Frankreich, Italien und Deutschland die mittleren und unteren sozialen Schichten von Stadt- und Vorstadtbewohnern begannen, sich im Wald von der monotonen, schweren körperlichen Industriearbeit zu erholen. Neben Natur- und Heimatschutzvereinen entstanden Bewegungen wie der Wandervogel und die Naturfreunde. Es kam zu verschiedenartigen pädagogischen Versuchen, Kinder und Jugendliche mit der Natur unmittelbar vertraut zu machen. Die Waldschulbewegung ist einer davon (vgl. Seeland, K. bei: BRILLING, O., 306).

**Forschungsfelder für die Waldpädagogik**

Für zukünftige Forschung stellt sich u.a. die Frage, inwieweit Einstellungen und Wissen über den Wald durch Bildungsangebote beeinflußt werden und ob Veränderungen dieser zu einer entsprechenden Veränderung des Handelns führen.

Weitgehend offen ist bisher außerdem, welches Verhältnis zwischen Forstwirtschaft und waldpädagogischen Einrichtungen herrscht (vgl. SCHMITHÜSEN, F. / DUHR, M. 172).

## 6.4. Überprüfung der Waldpädagogik auf Elemente der Erlebnispädagogik

Im Laufe der Jahre hat ein Umdenken vom kognitiven zum erlebnisorientierten Waldbesuch stattgefunden. Namensgebungen verdeutlichen dies eindrücklich: Klassische Lehrpfade werden durch Walderlebnispfade ersetzt, Informationszentren werden zu Erlebniszentren, Waldschultage und Waldjugendspiele zu Walderlebnistagen umbenannt (vgl. SCHMECHEL, D., 27). Waldpädagogische Einrichtungen werden sich also mehr und mehr der Bedeutung von Erlebnissen für die Pädagogik bewußt, so daß heute sehr viele Walderlebnisse ermöglichen wollen, wie in Kap. 6.3. beschrieben. Verdeutlicht werden kann dieser Prozeß durch den Bericht eines Naturschutzzentrums:

> *„Während man früher noch die Auffassung vertrat, eine Exkursion sei dann als gelungen zu betrachten, wenn die Teilnehmer mit einem mit Wissen vollgestopften Kopf den Aletschwald verlassen, ist man in der Zwischenzeit zur Überzeugung gelangt, daß das Naturerlebnis viel wichtiger ist als die reine Wissensvermittlung... ." (ALBRECHT, L., 200)*

Manche Einrichtungen versuchen, Walderlebnisse auf spielerische Art anzubahnen, andere versuchen, Erlebnisse durch gemeinsame sinnvoll durchgeführte Arbeit im Wald zu vermitteln (vgl. GÖTZ, A.,198f.). Die Beispiele zeigen, daß Erlebnispädagogik im Wald im Grunde bereits in vielen Waldzentren durchgeführt wird, auch wenn der Name konkret nicht fällt[37]. Waldpädagogik wird inzwischen in der Literatur häufig unmittelbar mit „Erlebnis" verknüpft. Eberhard Bolay schreibt sogar über Waldpädagogik:

> *„Waldpädagogik will das Erleben des Waldes mit allen Sinnen ermöglichen. In diesem Sinne ist sie Erlebnispädagogik. „Einmal erleben ist besser als hundert mal hören" sagt ein altes Sprichwort. Diese alte Grundweisheit ist das pädagogische Grundkonzept der Waldpädagogik. Es geht ihr darum, den Lebensraum Wald zu erforschen und zu erleben. Begreifen ist im wörtlichen Sinne gemeint [...]. Im Mittelpunkt der Waldpädagogik steht der Mensch, und der Wald ist das Medium der Jugendarbeit. Waldpädagogik ist eine Pädagogik, die im Wald stattfindet und diesen zur Erziehung junger Menschen nutzt. Umwelterziehung und die Vermittlung biologischer Sachverhalte sind eher erwünschte Nebeneffekte. Es geht um die Formung und die charakterliche Bildung der Einzelnen zu umweltbewußten Staatsbürgerinnen und -bürgern. Auch will sie durch praxis- und erlebnisbezogene Freizeitgestaltung Kontrapunkte zu einer starken Konsumorientierung setzen. Sie ist zielgerichtete Jugendarbeit, aktiver Waldschutz und praktischer Biologieunterricht. Keineswegs ist Waldpädagogik eine neue Erfindung, schon eher ist sie als eine wertvolle Wiederentdeckung alter Gedanken zu sehen. Pestalozzis Konzept des „Lernens mit Kopf, Herz und Hand" ist eine der tragenden Säulen. Wald soll erlebbar und begreifbar werden. Dies kann spielerisch erreicht werden. Waldpädagogik will Unterricht zum Erlebnis machen; sie will Erlebnisunterricht sein. Einzeln, in Paaren und Gruppen durchgeführte Waldspiele, kreative und meditative Erlebnismöglichkeiten regen zum eigenen Handeln im Wald an. Waldunterricht soll Spaß machen. Er soll Gefühle nicht nur zulassen sondern auch wecken. Daneben sind aber auch Lehrwanderungen, Klassenunterricht und praktische Waldarbeit möglich. Büffeln und Lernen sind erwünscht, aber nur, wenn wirklich begriffen und erlebt wurde; kognitive Effekte sind nicht das primäre Ziel. Es geht mehr um Umweltbewußtsein als um Umweltwissen, jedoch wird Wissenserwerb unumgänglich mitgeliefert." (BOLAY, E., 14)*

In diesem Zitat wird Waldpädagogik unmittelbar mit Erlebnispädagogik in Verbindung gebracht. Es wird nochmals deutlich, wie unterschiedlich die inhaltliche Begriffsbildung ist. Während Waldpädagogik für Klaus Seeland die gesamte Bandbreite von Bildung im Wald darstellt, wird hier das Erlebnis zum zentralen Element und dadurch zum Kriterium für Waldpädagogik.

*Waldpädagogik und Erlebnispädagogik rücken damit sehr nahe zusammen.*

Dirk Schmechel weist auf die derzeitige Gefahr in der Waldpädagogik hin, daß Erlebnisse in einer nach Erlebnissen süchtigen Gesellschaft leicht zu „events" verkommen und die eigentlichen Ziele und Inhalte der Waldpädagogik in den Hintergrund rücken (vgl. Schmechel, D., 33). Hier könnte Waldpädagogen eine genauere Auseinandersetzung mit der Erlebnispädagogik helfen, denn in Kapitel 1 wurde deutlich, daß Erlebnispädagogik u.a. immer etwas mit Reflexion, Verantwortung übernehmen

---

37 Die Zielsetzung ist hier allerdings, das wird im Zitat deutlich, weniger auf die gesamte Persönlichkeitsbildung, als vielmehr auf Verhaltensänderungen in bezug auf die Umwelt konzentriert.

und Selbstbestimmung zu tun hat. Damit ist die Aktivität des einzelnen gefragt und so können konsumorientierte „events“ verhindert werden.

*Abschließend läßt sich festhalten, daß immer im Einzelfall entschieden werden muß, ob Erlebnispädagogik im Wald in einem Bildungsangebot stattfindet, da die Einrichtungen verschiedene pädagogische Strömungen beinhalten bzw. Methoden und Zielsetzungen der Waldpädagogik nicht im Konsens geklärt sind.*

## 6.5. Übersicht über Bildungsangebote im Wald

Die folgende Übersicht soll Anregungen geben und beansprucht keine Vollständigkeit.

**Waldkindergärten**

Waldkindergärten sind Einrichtungen, die waldpädagogische Ideen wohl am konsequentesten umsetzen. Besonders förderlich ist die Tatsache, daß Waldkindergärten zu jeder Jahreszeit und bei jedem Wetter im Wald sind. Veränderungen in der Tier- und Pflanzenwelt können dadurch besonders gut verfolgt werden. Meistens betreuen 2-3 Erzieherinnen 15-20 Kinder, wobei die Kinder täglich drei bis vier Stunden im Wald verbringen. Als Variante für Waldkindergärten werden inzwischen in manchen Regelkindergärten Wald und Wiesentage durchgeführt. Es gibt auch Versuche von integrierten Waldkindergärten, d.h. den Morgen verbringen die Kinder im Wald, den Nachmittag im Regelkindergarten (vgl. KÖLLNER, S. / LEINERT, C., 2-6).

**Das staatliche oder kommunale Forstamt**

Das staatliche oder kommunale Forstamt betreut die Waldflächen. Es ist somit flächendeckend vertreten und als Ansprechpartner für das Thema Wald eine geeignete Adresse. Die vor Ort tätigen Forstbeamten sind im Rahmen ihrer Dienstaufgabe auch für „Öffentlichkeitsarbeit“ verantwortlich. Es gibt in den Ländern außerdem sogenannte „Funktionsbeamte“, die als Schwerpunktaufgabe „Waldpädagogik“ und Öffentlichkeitsarbeit z.B. für Schulklassen anbieten.

**Jäger**

Jäger betreuen und bewirtschaften Waldflächen jagdlich. Sie nehmen dabei vielfältige Aufgaben wahr, die sich nicht nur auf das Töten von Tieren beschränken, sondern auch Biotoppflege und Naturschutzmaßnahmen einschließen. Zum Teil wirken sie in ihrem Selbstverständnis als Jäger auch bei der Umweltbildung mit, indem sie Öffentlichkeitsarbeit betreiben. So wurde 1990 vom Dachverband aller Jäger, dem Deutschen Jagdschutzverband, die *Initiative „Lernort Natur“* gegründet. Es wurden Lerninhalte für Schulklassen und andere Zielgruppen erarbeitet, die in den Revieren durch Jäger vermittelt werden sollen. Dabei beziehen sich die Themen in erster Linie auf Tiere, Pflanzen, Ökologie und die Bedeutung von Jagd. Nicht zuletzt soll dabei neben Umweltbildung wohl auch das Image von Jägern aufgebessert werden. Trotzdem sollte man nicht vergessen, daß Jäger neben ihrer guten Ortskenntnis und fundiertem Fachwissen oft auch langjährige praktische Erfahrungen in der heimischen Natur haben.

**Naturschutzverbände**

Naturschutzverbände sind in erster Linie auf Kreisebene organisiert. Auch sie sind überall in Deutschland vertreten. Neben zahlreichen kleineren Verbänden, die regional organisiert sind, bieten vor allem die folgenden Verbände Programme zum Thema Wald an: Naturschutzbund Deutschland (Nabu), Bund für Umwelt und Naturschutz Deutschland (BUND) und Schutzgemeinschaft Deutscher Wald (SDW).

**Umweltzentren**

Einige Verbände unterhalten Umweltzentren (UZ), die örtlich als Regionale Umweltzentren (RUZ) wirken, andere RUZ werden von Kommunen, Vereinen oder Verwaltung betrieben. Das Thema Wald ist u.a. inhaltlicher Schwerpunkt dieser Zentren (vgl. CORLEIS, F., 96ff.).

**Freiberufliche Anbieter**

Inzwischen gibt es auch freiberufliche Anbieter ohne ein Zentrum im Hintergrund, die im Wald mit weit gefächertem Angebot pädagogisch tätig sind.

**„Umweltmobile" und „rollende Waldschulen"**

Die Träger von „Umweltmobilen" und „rollenden Waldschulen" sind Naturschutzverbände oder Kommunen. Schulklassen erhalten durch den Einsatz des Umweltmobils für einen Tag oder auch länger materielle und personelle Unterstützung, so daß Umweltbildung vor Ort durchgeführt werden kann. Umweltmobile sind jedoch nur in geringer Zahl in Deutschland vorhanden, so daß mit Wartezeiten gerechnet werden muß (vgl. CORLEIS, F., 99f.).

**Jugendwaldheime**

Ursprünglich sind Jugendwaldheime seit 1948 von der Schutzgemeinschaft Deutscher Wald gegründet worden. Schulklassen sollten den Wald wieder aufforsten und so die Zerstörungen des Krieges im Wald, die vor allem durch die Reparationshiebe als Wiedergutmachung für Kriegsschäden entstanden waren, beheben. Die Schulkinder wurden also als Arbeitskräfte eingesetzt, um die enormen Aufgaben der Forstwirtschaft in der Nachkriegszeit bewältigen zu können.

Heute ist es das Ziel von Jugendwaldheimen, durch Kombination von praktischer Arbeit und Waldpädagogik Bewußtsein für die Belange des Waldes zu schaffen. Mittlerweile gibt es beispielsweise in Niedersachsen elf Jugendwaldheime, die von SDW und Forstverwaltung gemeinsam betreut und organisiert werden.

**Waldjugendspiele**

SDW und Forstverwaltungen führen als Angebot für Schulen zusammen Waldjugendspiele durch. Seit dreißig Jahren werden insbesondere fünfte und sechste Klassen für einen Tag in den Wald eingeladen, um dort im Wettkampfcharakter spielerisch in einer Rallye den Wald kennenzulernen. An unterschiedlichen Stationen, die vom Forstamt betreut werden, beantworten die einzelnen Schülergruppen Fragen. Anschließend gibt es leistungsgebundene Preisverleihungen (vgl. CORLEIS, F., 96f.).

**Waldschulen**

Waldschulen, wie z.B. die Züricher Waldschulen, bieten Schulklassen tageweise die Möglichkeit, den Wald zu erleben. Den Kindern soll eine nachhaltige Beziehung zur Waldnatur und Verständnis für ihre Geheimnisse vermittelt werden. Das spielerische und erlebnishafte Lernen und Erfahren von unmittelbarem Naturgeschehen steht im Vordergrund (vgl. SPEICH, A., 218).

Auch sogenannte „Waldklassenzimmer“ wurden in den letzten Jahren gegründet. Sie werden von einigen Schulklassen mit ihren Lehrern regelmäßig besucht.

**Schullandheime**

In Schullandheimen wird das Thema „Wald“ ebenfalls häufig behandelt. In Deutschland gibt es zur Zeit etwa 400 Schullandheime, die von 800.000 Schülern jährlich für einen Zeitraum von 1-3 Wochen besucht werden.

**Schulbiologiezentren (SCHUBZ)**

Schulbiologiezentren arbeiten auf Kreisebene mit dem Ziel, in Schulen den Biologie- und naturkundlichen Unterricht zu unterstützen. Sie halten neben Angeboten der Lehrerfortbildung auch Programme für Schulklassen und Leihmöglichkeiten von Lehr- und Lernmaterialien zum Thema Wald bereit (vgl. CORLEIS, F., 99f.).

**Kinder- und Jugendgruppen**

Zu Kinder- und Jugendgruppen, die den Wald aufsuchen, gehören u.a. die Waldjugend, die Pfadfinder und diverse Gruppen von Naturschutzverbänden.

## 6.6. Zusammenfassung

**Die Waldschulbewegung**

Die Idee, den Wald als Lernort für Kinder zu nutzen, ist nicht neu. Die Waldschulbewegung, die 1904 mit der Waldschule Charlottenburg ihren Anfang in Deutschland nahm, belegt dies eindrücklich. Bei den ersten Schulgründungen stand die Verbesserung des gesundheitlichen Zustands der Kinder im Vordergrund. Das Waldklima sollte wesentlich dazu beitragen. Später wurde das Prinzip des Unterrichts im Freien und der Aufenthalt draußen zur pädagogischen Norm erhoben. Auch gesunden Kindern sollte der Wald bzw. die Natur nun zuträglich werden. Man wollte durch den Aufenthalt in der Natur u.a. einen „wachen Geist fördern“ und ein Fundament für späteren naturkundlichen Unterricht legen.

**Plädoyer für verstärkten Aufenthalt von Schulklassen im Wald**

Der damalige Erfolg der Waldschulen wirft letztlich die Frage auf, inwiefern ein regelmäßiger Waldaufenthalt für Grundschulkinder heute ermöglicht werden kann. Zahlreiche Aspekte sprechen für einen kontinuierlich stattfindenden „Unterricht" im Wald:

- das enorm hohe Bildungspotential in verschiedensten Bereichen;
- die vielfältig möglichen Aktivitäten, die Erlebnisse anbahnen, so daß sich Kinder in ihrer gesamten Persönlichkeit (sozialen, emotionalen, psychomotorischen und kognitiven Bereichen) weiterentwickeln können;
- die Möglichkeit des Waldes, grundlegende kindliche Bedürfnisse zu befriedigen, insbesondere allgemein vernachlässigte (vgl. Kap. 3.5.);
- Die Möglichkeit, Umweltbildung im Wald durchzuführen (vgl. Kap. 3.1.).

Die Relevanz dieser Aspekte fordert regelmäßige Waldkontakte für Schulklassen nahezu heraus. Bezogen auf die Realisierung müßte der Staat verstärkt Fortbildungen für Lehrer zum Thema Wald anbieten oder spezielle Waldpädagogen/Waldlehrer einstellen. Ein eigener, auf die Schule bezogener Ausbildungszweig Waldpädagogik sollte angedacht werden. Die Zusammenarbeit zwischen Forstbehörden und Schulbehörden ließe sich ebenfalls verbessern.

**Waldpädagogik und ihr Bezug zur Erlebnispädagogik**

Seit Mitte der 80er Jahre wächst die Zahl der Bildungseinrichtungen im Wald. Forstämter, Jäger, Naturschutzverbände, Umweltzentren, „Umweltmobile", freiberufliche Anbieter, Jugendwaldheime, Schullandheime und viele mehr bieten heute waldbezogene Bildungsangebote für Kinder an. Im deutschsprachigen Raum gibt es zur Zeit etwa 150 Einrichtungen, wobei sich die meisten an reformpädagogischen Konzepten orientieren. Der früher eher kognitiv gestaltete Waldbesuch soll zunehmend „Walderlebnisse" ermöglichen. Umweltbildung ist in vielen Einrichtungen ein wichtiges Ziel.

Der Begriff „Waldpädagogik" umfaßt nach Meinung mancher Autoren alle Bildungsangebote im Wald. Andere sind der Ansicht, daß in der Waldpädagogik die Sinnesschulung und das unmittelbare Erleben mit „Kopf, Herz und Hand" im Mittelpunkt steht. Die Waldpädagogik rückt in dieser enger gefaßten Begriffsbildung nah an die Erlebnispädagogik heran. Aufgrund der ungeklärten Methoden und Zielsetzungen der waldpädagogischen Angebote ist abschließend festzuhalten, daß im Einzelfall entschieden werden muß, ob Erlebnispädagogik in einem Bildungsangebot umgesetzt wird.

# 7. Zusammenfassende Thesen

## These 1

Erlebnispädagogik im Wald mit Kindern will diese in ihrer *gesamten Persönlichkeit* (emotionalen, sozialen, psychomotorischen und kognitiven Bereichen) *fördern*. Ermöglicht wird dies durch vielfältige, den Bedürfnissen der Kinder entsprechende, Aktivitäten in der Gruppe, die Erlebnisse anbahnen und über Reflexion zu Erkenntnissen „aufsteigen" sollen.

Den Grundsätzen der Erlebnispädagogik entsprechend steht: „Learning by doing"; Selbsttätigkeit, Selbständigkeit und Selbstbestimmung; eigene Verantwortlichkeit; Freiwilligkeit; Einlassen auf Neues; Gruppengemeinschaft und Reflexion bei der Umsetzung von Aktivitäten im Vordergrund (vgl. Kap. 1 und 5).

Das Ziel einer Maßnahme muß immer transparent bleiben.

## These 2

Der Wald ermöglicht eine Fülle von *Aktivitäten*, deren Wurzeln in der Geschichte des Menschen mit dem Wald wiederzufinden sind:

- Pflanzen entdecken (vgl. Kap. 2.2.);
- Tiere entdecken und beobachten (vgl. Kap. 2.2.);
- Sammeln (vgl. Kap. 2.3.);
- Gesammelte Pflanzen verarbeiten (vgl. Kap. 2.3.);
- Bauen und Gestalten mit gesammelten Waldprodukten (vgl. Kap. 2.3.);
- Spielen (vgl. Kap. 2.5.);
- Bewegen (vgl. Kap. 2.5.);
- vielfältig Wahrnehmen (vgl. Kap. 2.6.);
- Alltag unter einfachen Bedingungen erleben (vgl. Kap. 2.3 und Kap. 2.5.);
- Meditieren (vgl. Kap. 2.4. und 2.6.);
- Geschichten hören, erzählen und selber erfinden (vgl. Kap. 2.3. und Kap. 2.5.);
- Musizieren, künstlerisch gestalten, Theater spielen (vgl. Kap. 2.5.);
- Feste feiern (vgl. Kap. 2.3.);
- Gruppengespräche (vgl. Kap. 2.4.).

Die Bereiche ermöglichen - obwohl sie sich zum Teil überschneiden - einen guten Überblick über mögliche Aktivitäten im Wald und können unterschiedlich kombiniert werden. Die mit den Aktivitäten verbundenen Erlebnisse erschließen in der Reflexion u.a. viele Aspekte des Waldes (vgl. Kap. 2 und 4).

## These 3

Die in These 2 beschriebenen Aktivitäten entsprechen *allgemeinen Bedürfnissen* von Kindern:

- Über die Entdeckung der reichen Tier- und Pflanzenwelt im Wald können die Kinder die Umwelt wahrnehmen, erleben und so ein Stück mehr *Welt entdecken und verstehen*.
- Der Wald bietet eine Fülle von unfertigem, natürlichem Material, das sich hervorragend zum *Herstellen und Gestalten* verwenden läßt.
- Im Wald können Kinder *spielen*. Er ist ein interessanter Erfahrungsraum mit viel Platz ohne gefährdenden Autoverkehr oder Einschränkungen, die sich in Gebäuden ergeben. Bewegungs-, Abenteuer- und Naturerfahrungsspiele eignen sich besonders.
- Der *Bewegungsdrang* des Kindes kann im Wald besonders gut ausgelebt werden. Dabei ergeben sich viele Möglichkeiten, die Fähigkeiten des eigenen Körpers zu erproben (auf Bäume klettern, balancieren, hangeln,...).
- Im Wald kann das Kind *vielfältig wahrnehmen*. Die Sinne werden gleichmäßig beansprucht: es riecht aromatisch; viele Waldpflanzen sind eßbar; unterschiedliche Oberflächen können mit Händen und Füßen ertastet werden; verschiedene Farben, Formen und Strukturen sind sichtbar und das Baumrauschen, die Vögel oder die „Stille“ des Waldes sind zu vernehmen.
- Im Wald ergibt sich die Möglichkeit, Theater zu spielen, Musik zu machen oder sich künstlerisch zu betätigen. *Erlebtes, Stimmungen und Gefühle können* im Wald also *ausgedrückt und verarbeitet werden*. Auch mögliche Gruppengespräche tragen dazu bei.
- Durch die Aktivitäten im Wald und die Beschäftigung mit Naturmaterialien können sich die Kinder außerdem *mit der Natur verbunden fühlen*.

Bei der praktischen Umsetzung von Aktivitäten im Wald können weitere Bedürfnisse berücksichtigt werden:

- Der Wald bietet sowohl *Rückzugsmöglichkeiten* als auch viele Angebote für gemeinsame Aktivitäten, so daß dem *Bedürfnis nach Gemeinschaft* entsprochen werden kann. Wird auf ein gutes Gruppenklima geachtet, können sich die Kinder im Wald *sicher und geborgen fühlen*.
- Wenn Aktivitäten, der Erlebnispädagogik entsprechend, von den Kindern weitgehend selbstbestimmt und eigenverantwortlich umgesetzt werden - der Pädagoge also so weit wie möglich im Hintergrund agiert -, kann dem *Bedürfnis nach Autonomie* entsprochen werden. Die Kinder können dadurch so frei wie möglich handeln. Grenzen findet die Autonomie in Regeln, die notwendig sind, um Gefahren, die von den Kindern noch nicht überblickt werden können, zu verhindern. In Gruppen, die sich regelmäßig treffen, kann ein hohes Maß an Selbstbestimmung am ehesten umgesetzt werden.

- Für das Grundschulalter ist der Wald besonders geeignet, weil er den *Erlebniswelten* von Kindern in diesem Alter gut entsprechen kann:

  Jäger und Sammler sein; sich sein eigenes Haus bauen; pflegen und hüten; entdecken und erfinden; handwerklich tätig sein; sich in Gruppen / Banden zusammen tun; Körpererfahrungen sammeln; in Phantasiewelten spielen (vgl. Kap. 3).

**These 4**

Der besondere Wert des Waldes für Kinder ergibt sich aus der Tatsache, daß viele der in These 3 beschriebenen Bedürfnisse in der heutigen Kinderwelt nicht befriedigt werden. Kinderwelt heute ist überwiegend geprägt von mangelnden Freiräumen, Abenteuer / Erlebnismöglichkeiten, Naturerfahrungen und Bewegungsmöglichkeiten. Außerdem haben Grundschulkinder in der Regel wenig Möglichkeiten, kreativ etwas herzustellen und zu gestalten. Die Sinne werden zusätzlich einseitig belastet. Diese Defizite können im Wald, wie in These 3 beschrieben, ausgeglichen werden. Die Kinder können ihre Kreativität und Phantasie frei entfalten und Erfahrungen aus erster Hand sammeln. Die genannten Gründe lassen den Wald für „Kinder heute" besonders wertvoll erscheinen, insbesondere solange, wie Kindern in Städten keine näheren Naturerlebnisräume als Alternative zur Verfügung stehen (vgl. Kap. 3).

**These 5**

Die in These 2 genannten Aktivitätsbereiche sind sehr vielschichtig. Es konnte in der Arbeit gezeigt werden, daß sie Kinder in ihrer gesamten Persönlichkeit (emotionalen, sozialen, psychomotorischen und kognitiven Bereichen) fördern. Es ergeben sich viele Lernpotentiale in bezug auf das Individuum, die Gruppe und die Umwelt (vgl. Kap. 3).

**These 6**

Für die praktische Umsetzung von Aktivitäten empfehlen Waldpädagogen im Grundschulalter, Waldaktivitäten in *Spiele und Geschichten* zu verweben, so daß sich über einen Waldtag oder mehrere Spiele ein Spannungsbogen zieht und die Konzentration der Kinder auf diese Weise gebündelt wird. Rituale können den Waldaufenthalt zusätzlich strukturieren. *Behutsames Heranführen an den Wald* ist von besonderer Bedeutung, weil viele Kinder das freie Spiel in der Natur nicht mehr gewöhnt sind. Auch *Reflexionsphasen* sind, wie in These 1 erläutert, nicht zu vernachlässigen. Erlebnisse sollen nicht zu „events" verkommen, deshalb ist „weniger häufig mehr".

Bei der Entscheidung für Aktivitäten helfen folgende Fragen:

Wieviel Zeit / welcher Wald / welches Material steht zur Verfügung?
Welche organisatorischen, finanziellen und rechtlichen Fragen müssen abgeklärt werden?
Welche Risiken sind zu bedenken? Welche Regeln notwendig?
Welche Kinder sollen angesprochen werden? Welche Bedürfnisse haben sie?
Wie ist die konkrete Situation der Gruppe und der Betreuer?
Welches Ziel soll verfolgt werden? (vgl. Kap. 5).

**These 7**

Die unterschiedlichen Aspekte des Waldes beinhalten ein enorm *hohes Bildungspotential* in vielen Lernbereichen. Zu der Vielfalt des Waldes zählen: botanische, zoologische, ökologische, klimatologische, geographische, naturschutzbezogene, ökonomische, historische, kulturelle (Musik / Kunst / Theater / Literatur / Dichtung) und anthropozentrische Aspekte (vgl. Kap. 2).

**These 8**

Neben botanischen und zoologischen Aspekten scheint insbesondere die Auseinandersetzung mit *historischen Aspekten des Waldes* (dem alten Waldwissen bzw. Waldkulturgut) sinnvoll, da dieses zunehmend in Vergessenheit gerät. Die alten Aktivitäten und die damit verbundenen Erkenntnisse sind für Kinder bedeutsam, weil sie elementares Wissen über den Zusammenhang von Natur und Mensch bzw. Mensch und Arbeit verdeutlichen. Auf diese Weise kann die Welt in ihren ursprünglichen, elementaren Zusammenhängen wieder erfahren werden (vgl. Kap. 2).

**These 9**

Ein Drittel der Fläche in Deutschland ist bewaldet. *Wälder gehören zu den einzigen großflächigen, naturnahen Gebieten in Deutschland.* Auch wenn der Wald von Menschen geprägter Wirtschaftswald ist, bieten sich vielfältige Möglichkeiten für Naturbegegnungen. Im Gegensatz zu natürlichen Landschaften wie See oder Gebirge, sind Wälder leicht und kostengünstig zu erreichen. Outdoor-Erlebnispädagogik kann deshalb kontinuierlich stattfinden und mehr Kinder - auch aus unterschiedlichen Schichten - erreichen. Sie ist nicht an Ferien gebunden und die Kinder können den Lernort auch selbständig aufsuchen (vgl. Kap. 3).

**These 10**

Der Wald ist heute *der* Mittler zur Natur geworden. Deshalb kommt ihm eine besondere Bedeutung in der *Umweltbildung* zu. Im Wald können die Verbundenheit von Mensch und Natur sichtbar und elementare Grundbedürfnisse in einer von Konsum geprägten Welt wieder erkannt werden. Ferienfreizeiten im Wald stellen im Bereich der Umweltbildung eine besondere Chance dar, diese Ziele der Umweltbildung zu verwirklichen. Der Wald bietet außerdem viele Möglichkeiten für *Naturerlebnisse*, die die emotionale Basis für späteres Umweltbewußtsein darstellen. Nicht zuletzt von Verhaltensänderungen wird die Zukunft der Menschen und der Wälder abhängig sein. Wälder sind bekanntlich in Europa krank und auf anderen Kontinenten von Kahlschlägen bedroht, wodurch u.a. der Treibhauseffekt gefördert und die Artenvielfalt gefährdet wird. Erlebnispädagogik im Wald kommt auch aus diesem Grund eine besondere Bedeutung zu.

Um den Wald durch Aufenthalte nicht zu schädigen, sollte den Kindern bei allen Waldbesuchen bewußt gemacht werden, daß er möglichst so verlassen wird, wie er vorgefunden wurde und die geltenden Verhaltensregeln in den spezifischen Wäldern in jedem Fall eingehalten werden (vgl. Kap. 2, 3 und 7).

## These 11

Der Wald wurde bereits vor 90 Jahren von der Waldschulbewegung als Lernort für Kinder entdeckt. *Die positiven Erfahrungen damals, die in dieser Arbeit aufgezeigten Möglichkeiten, im Wald auch vernachlässigten Bedürfnissen zu entsprechen, und die Tatsache, daß der Wald ein sehr hohes Bildungspotential beinhaltet, das über Aktivitäten handelnd erfahrbar wird, lassen die Forderung aufkommen, Waldaufenthalte - besonders in der Grundschule - verstärkt in den Unterricht zu integrieren.* Die genannten Aktivitätsbereiche sprechen den gesamten Fächerkanon an, so daß fächerübergreifend bzw. mit der Projektmethode gearbeitet werden kann. Die Möglichkeit, im Wald Umweltpädagogik zu betreiben, unterstützt zusätzlich die Forderung nach verstärkten Waldaufenthalten von Schulklassen.

Um diese zu ermöglichen, ist eine verbesserte Zusammenarbeit zwischen Schulbehörden und Forstämtern notwendig. Außerdem sind verstärkt Fortbildungsmaßnahmen für Lehrer bzw. verstärkte Einstellung von Waldpädagogen durch den Staat / das Land zu ermöglichen. Ein auf die Schule bezogener Ausbildungszweig Waldpädagogik sollte ebenfalls angedacht werden (vgl. Kap. 6).

## These 12

Es gibt im Wald bereits verschiedene Bildungsangebote, die häufig unter dem Begriff „Waldpädagogik" zusammengefaßt werden. In den letzten Jahren haben sie stark zugenommen. Viele von ihnen wenden Grundsätze der Reformpädagogik an und stellen das Walderlebnis mit allen Sinnen in den Mittelpunkt.

Es ist jeweils im Einzelfall zu entscheiden, ob Erlebnispädagogik, mit den in These 1 beschriebenen Grundsätzen, umgesetzt wird oder nicht (vgl. Kap. 6).

# 8. Literaturverzeichnis


Albrecht, Laudo: SBN-Naturschutzzentrum Aletsch: Den Wald zum Erlebnis machen. In: Schweizerische Zeitschrift für Forstwesen: 144. Jahrgang (1993), Heft 3, S. 198-206.

Baacke, Dieter: Die 6- bis 12jährigen. Weinheim und Basel 1984.

Balz, Eckart: Erlebnispädagogik in der Schule. Lüneburg 1993.

Bauer, Hans: Erlebnis- und Abenteuerpädagogik: eine Literaturstudie. München und Mehring 1996.

Berger, Manfred: Zur Wald- und Freiluft-Schulbewegung. Eine Recherche. In: Zeitschrift für Erlebnispädagogik, 20. Jahrgang (2000), Heft 5, S. 35-47.

Bierbaum, H. / Dörenkamp, G.: Die Waldschule. Allgemeines über ihr Wesen und Wirken und Besonderes aus der Waldschule der Stadt M. Gladbach. M. Gladbach 1910.

Blinkert, Baldo: Aktionsräume von Kindern. In: Schemel, Hans-Joachim: Naturerfahrungsräume. Bonn, Bad Godesberg 1998.

Bolay, Eberhard: Das Waldschulheim. Hamburg 1998.

Brilling, Oskar: Hand-Wörterbuch der Umweltbildung. Hohengehren 1999.

Bundesministerium für Ernährung, Landwirtschaft und Forsten (BML): Unser Wald - Natur und Wirtschaftsfaktor zugleich. Paderborn 1998.

CH Waldwochen: Wald erleben und erfahren. Mühlheim an der Ruhr 1992.

Corleis, Frank: Die Bedeutung von Naturerlebnissen in der Schule: Naturerlebnispädagogik? Lüneburg 2000.

Cornell, Joseph: Mit Kindern die Natur erleben. Oberbrunn 1979.

Cornell, Joseph: Mit Freuden die Natur erleben. Naturerfahrungsspiele für alle. Mühlheim an der Ruhr 1991.

Düring, Rolf: Ganzheitliche Umwelterziehung am Beispiel des Waldes. Frankfurt am Main 1991.

Dumont, Philippe: Decouvrir la foret - CH-Waldwochen - Vivere il bosco. In: Schweizerische Zeitschrift für Forstwesen: 144. Jahrgang (1993), Heft 3, S. 187-196.

ELF: Bayerisches Staatsministerium für Ernährung, Landwirtschaft und Forsten: Broschüre: Lebensgemeinschaft Wald - Umweltleistungen. Stand 1995.

Fauth, Wilfried: Wege zum Be-greifen und Wahr-nehmen. Natur- und sinneskundliche Arbeit als ein Weg zu sich selbst und zu anderen. In: Zeitschrift für Erlebnispädagogik, 17. Jahrgang (1997), Heft 12, S. 32-41.

Fischer, Torsten: Erlebnispädagogik - Das Erlebnis in der Schule -. Frankfurt 1999.

Forstabsatzfonds (Hrsg.): Ich, der Wald, bin mehr als Sie denken. Broschüre, Stand 1997.

Gebhard, Ulrich: Kind und Natur. Die Bedeutung der Natur für die psychische Entwicklung. Opladen 1994.

Göpfert, Hans: Naturerleben: pädagogische Bedeutung - Widersprüche - gesellschaftliche und politische Konsequenzen. In: Schemel, Hans-Joachim (Hrsg.): Naturerfahrungsräume. Bonn, Bad Godesberg 1998.

Götz, Andreas: Bergwaldprojekt: den Wald im Wald erleben. In: Schweizerische Zeitschrift für Forstwesen: 144. Jahrgang (1993), Heft 3, S. 207-211.

Greenpeace (Hrsg.): Greenpeace special: Wald. Broschüre, Stand 2/92.

Heckmair, Bernd / Michl, Werner: Erleben und Lernen - Einstieg in die Erlebnispädagogik. Berlin 1993.

Höhere Forstbehörde Westphalen-Lippe (Hrsg.): Walderlebnisspiele. Mühlheim an der Ruhr 1997.

Hofmeister, Heinrich: Lebensraum Wald - Ein Weg zum Kennenlernen von Pflanzengesellschaften und ihrer Ökologie. Hamburg und Berlin 1983.

Hoppe, Jörg Reiner: Bedeutung von Naturerfahrungen für die psychologische Entwicklung von Kindern. In: Schemel, Hans-Joachim (Hrsg.): Naturerfahrungsräume. Bonn, Bad Godesberg 1998.

Klenk, Gerald: Schüler erforschen den Wald. Nürnberg 1991.

Köllner, Sabine / Leinert, Cornelia: Waldkindergärten. Ein Leitfaden für Aktivitäten mit Kindern im Wald. Augsburg 1998.

Kohnstamm, Rita: Praktische Kinderpsychologie. Bern; Stuttgart; Toronto 1985.

Lang, Thomas: Kinder brauchen Abenteuer. München; Basel 1992.

Laudert, Doris: Mythos Baum: was Bäume uns Menschen bedeuten; Geschichte - Brauchtum - 30 Baumportraits. München; Wien; Zürich 1999.

Lindgren, Astrid: Ronja Räubertochter. Hamburg 1982.

Lohmann, Michael: Darum brauchen wir den Wald. München; Wien; Zürich 1985.

Lukschanderl, Leopold: Der Wald: wie er entstand, was er kann, wem er nützt, worunter er leidet, welche Zukunft ihn erwartet. Wien 1989.

Maaßen, Boje: Naturerleben oder der andere Zugang zur Natur. Hohengehren 1994.

Michael-Hagedorn, Regina / Freiesleben, Katherina: Kinder unterm Blätterdach. Dortmund 1999.

Nave-Herz, Rosemarie: Bedeutungswandel von Ehe und Familie. In: Schulze, H.-J. (Hrsg.): Familie - Zerfall oder neues Selbstverständnis? Würzburg 1987.

Neubert, Waltraut: Das Erlebnis in der Pädagogik. Lüneburg 1990.

Neumann, Antje / Neumann, Burkhard: Waldfühlungen. Münster 2000.

Nicke, Wiebke: Das Museum als erlebnispädagogischer Lernort. In: Ziegenspeck, Jörg (Hrsg.): Das Museum als erlebnispädagogischer Lernort. Lüneburg 1997.

Petersen, Dörte: Zur Entwicklung und Bedeutsamkeit einer schulbezogenen Erlebnispädagogik in unserem Jahrhundert. In: Zeitschrift für Erlebnispädagogik, 18. Jahrgang (1998), Heft 10, S. 6-34.

Petillon, Hans: Von Adlerauge bis Zauberbaum - 1000 Spiele für die Grundschule. Landau 1997.

Saudhof, Kathrin / Stumpf, Brigitta: Mit Kindern in den Wald. Münster 2000.

Schlehufer, Anke / Kreuzinger Steffi: Natur-Erlebnis-Ferien. Handbuch für die Gestaltung ökopädagogischer Kinder- und Jugendfreizeiten. Alling 1997.

Schlender, Timur (Hrsg.): Der Wald in Mythen, Märchen und Erzählungen. München 1987.

Schmechel, Dirk: Die Erlebnisgesellschaft - Umweltbildung im Spannungsfeld der Zeittrends. In: Waldpädagogik - Dokumentation der Vorträge. Waldpädagogik-Tagung in Ruhpolding am 24. Juni 1998. München 1998.

Schmithüsen, Franz / Duhr, Michael: Waldpädagogik aus forstpolitischer Sicht. In: Schweizerische Zeitschrift für Forstwesen, 144. Jahrgang (1993), Heft 3, S. 163-176.

Schneider, Carsten: „Waldpädagogik im Spannungsgefälle gesellschaftlicher Interessen“. In: WaldpäP, 2. Jahrgang (1995), Heft 2, S. 22.

Schweizerische Zeitschrift für Forstwesen: 144. Jahrgang (1993), Heft 3, (Vorwort ohne Autorenangabe).

Seeland, Klaus: Kulturelle und gesellschaftliche Aspekte der Bedeutung des Waldes. In: Schweizerische Zeitschrift für Forstwesen, 144. Jahrgang, (1993), Heft 3, S. 177-185.

Slotosch, Gerald: Die Gruppendynamik im Wald braucht eine stärkere theoretische Fundierung. In: WaldpäP, 48. Jahrgang (1996), Heft 3-4, S. 29.

Speich, Andreas: Waldschulen - eine Dienstleistung mit forstpolitischem Hintergrund. In: Schweizerische Zeitschrift für Forstwesen: 144. Jahrgang (1993), Heft 3, S. 218-227.

Thoreau, Henry David: Walden - Ein Leben in der Natur. München 1999.

Weber, Hilde / Hörner, Kurt / Meiser, Franz: Wald erleben - erforschen - begreifen. Dudweiler 1993.

Winkel, Gerhard: Umwelt und Bildung: Denk- und Praxisanregungen für eine ganzheitliche Natur- und Umwelterziehung. Seelze 1995.

Ziegenspeck, Jörg: Das Erlebnis - Versuch einer Begriffsbestimmung aus erziehungswissenschaftlicher Sicht. In: Ziegenspeck, Jörg (Hrsg.): Das Museum als erlebnispädagogischer Lernort. Lüneburg 1997.

Ziegenspeck, Jörg: Hinweise und Informationen zur Erlebnispädagogik. Lüneburg 1999.

Ziegenspeck, Jörg: Erlebnispädagogik. Rückblick - Bestandsaufnahme - Ausblick. Lüneburg 1992.

Schriftenreihe

## KLEINE SCHRIFTEN ZUR ERLEBNISPÄDAGOGIK

Herausgeber:
*Prof. Dr. Jörg W. Ziegenspeck*
*(Universität Lüneburg)*

Band 1: Jörg W. Ziegenspeck:
ERLEBNISPÄDAGOGIK.
Rückblick - Bestandsaufnahme - Ausblick.
Bericht über den gegenwärtigen Entwicklungsstand der Erlebnispädagogik unter besonderer Berücksichtigung der Lüneburger Anstöße und Projekte. Dokumentation der geleisteten praktischen und theoretischen Arbeit (1980 - 1992).
Lüneburg 1992, 4. Aufl., 200 S., EUR 12,50 (ISBN 3-929058-39-1)

[ Frühere Auflagen erschienen unter folgenden Titeln:

Arbeitsgemeinschaft "Segeln mit Kindern, Jugendlichen und jungen Erwachsenen" an der Hochschule Lüneburg / Verein "Jugendschoner 'Hermine' e.V." (Hrsg.):
BERICHT ÜBER DAS SOZIALPÄDAGOGISCHE SEGELN.
- Eine Zwischenbilanz -
Lüneburg 1986, 1. Aufl., 30 S. (ISBN 3-88456-029-8)

Arbeitsgemeinschaft "Segeln mit Kindern, Jugendlichen und jungen Erwachsenen" an der Hochschule Lüneburg / Verein "Jugendschoner 'Hermine' e.V." (Hrsg.):
SEGELN UND SOZIALPÄDAGOGIK.
Bericht über die Lüneburger Projekte - Eine Zwischenbilanz.
Lüneburg 1987, 2. erweiterte, ergänzte und völlig neu überarbeitete Auflage, 33 S. (ISBN 3-88456-044-1)

Jörg W. Ziegenspeck (Hrsg.):
ERLEBNISPÄDAGOGIK.
Rückblick - Bestandsaufnahme - Ausblick.
Bericht über die Lüneburger Projekte und Dokumentation.
Lüneburg 1990, 3. erweiterte, ergänzte und völlig neu bearbeitete Aufl., 62 S. (ISBN 3-88456-065-4) ]

Band 2: Jörg W. Ziegenspeck (Bearbeiter):
OUTWARD BOUND.
Gutachterliche Äußerungen für einen Löschungsantrag beim Deutschen Patentamt.
Lüneburg 1987, 62 S., EUR 3,-- (ISBN 3-929058-40-5)

Heft 3: Detlef Soitzek / Peter Weinberg / Jörg W. Ziegenspeck:
SEGELSCHIFF 'THOR HEYERDAHL'.
Eine schwimmende Jugendbildungsstätte.
Lüneburg, 1. Aufl. 1988; 2. Aufl. 1991, 80 S., 3. unveränderte Aufl., EUR 4,25 (ISBN 3-929058-41-3)

[ Die erste Auflage erschien 1988 unter gleich lautendem Titel im Verlag Klaus Neubauer, Lüneburg. – ISBN 3-88456-047-6]

Heft 4: Dorothee Loos:
SEGELN UNTER PÄDAGOGISCHEM ASPEKT.
Ein Literaturbericht.
Lüneburg 1989, 96 S., EUR 3,75 (ISBN 3-929058-42-1)

Heft 5: Reiner Hildebrandt (Hrsg.):
ERLEBNISORIENTIERTER SCHULSPORT.
Sechs Beiträge zur erlebnispädagogischen Praxis.
Lüneburg 1990, 72 S., EUR 4,-- (ISBN 3-929058-43-X)

Heft 6: Dietrich Kowalsky (Hrsg.):
DER MARTINS-PASS.
Internationales Freundschafts-Friedens-Freizeit-Tagebuch aus Nürnberg.
Lüneburg 1990, 72 S., EUR 3,75 (ISBN 3-929058-44-8)

Heft 7: Margrit Küntzel-Hansen:
MUSIKALISCHE FRÜHERZIEHUNG ALS ERLEBNISPÄDAGOGIK.
Lüneburg 1990, 28 S., EUR 3,-- (ISBN 3-929058-45-6)

Heft 8: Juliane Schmieglitz-Otten:
DAS BOMANN-MUSEUM CELLE.
Ein erlebnispädagogischer Lernort.
Lüneburg 1997, 40 S., EUR 4,25 (ISBN 3-89569-030-9)

[ Die erste Auflage erschien 1991 unter folgendem Titel
im Verlag Klaus Neubauer, Lüneburg:
Juliane Schmieglitz-Otten:
DAS MUSEUM ALS ERLEBNISPÄDAGOGISCHER LERNORT.
Lüneburg 1991, 36 S., DM 6,-- (ISBN 3-929058-46-4) ]

Heft 9: Klaus Miedzinski:
ERLEBNISPÄDAGOGIK IN SÜDAMERIKA.
Bericht über den Bau eines Spielplatzes im Slum.
Lüneburg 1991, 2. erw. Aufl. 1995, 72 S., EUR 5,-- (ISBN 3-89569-011-2)

Heft 10: Martin Firker (Bearbeiter):
"FLY JUIST".
(Motor-)Segelfliegen in der Erlebnispädagogik.
Lüneburg 1991, 72 S., EUR 3,75 (ISBN 3-929058-48-0)

Heft 11: Torsten Fischer:
DIE UNITED-WORLD-COLLEGES.
Modelle internationaler Internatserziehung auf reformpädagogischer Grundlage.
Lüneburg 1991, 28 S., EUR 3,-- (ISBN 3-929058-49-9)

Heft 12: Christian Salzmann:
REGIONALES LERNEN UND UMWELTERZIEHUNG.
Beispielhafte erlebnispädagogische Reflexionen.
Lüneburg 1991, 20 S., EUR 3,-- (ISBN 3-929058-50-2)

Band 13: Ulla Mehls (Hrsg.):
ERLEBNISPÄDAGOGIK ZU PFERD.
Beiträge zur Reittherapie und Heilpädagogik.
Lüneburg 1992, 148 S., EUR 11,25 (ISBN 3-929058-79-0)

Heft 14: Eckart Balz:
ERLEBNISPÄDAGOGIK IN DER SCHULE.
Schulleben - Schulsport - Schullandheim.
Lüneburg 1993, 2. unveränderte Aufl. 1996, 32 S.,
EUR 3,75 (ISBN 3-929058-81-2)

Heft 15: Helmut Schmerbitz / Wolfgang Seidensticker:
ERFAHRUNGSLERNEN IM SPORTUNTERRICHT
DER LABORSCHULE.
Theorie und Praxis einer pädagogischen Konzeption.
Lüneburg 1993, 29 S., EUR 3,-- (ISBN 3-929058-82-0)

Heft 16: Angela Hünke von Podewils:
ERLEBEN UND VERKÖRPERN.
Theaterspielen in der Erlebnispädagogik.
Lüneburg 1993, 58 S., EUR 6,25 (ISBN 3-929058-91-X)

Heft 17: Helmut Brückner (Hrsg.):
ERLEBNISPÄDAGOGISCHE PRAXISBEREICHE
AN DEN LANDERZIEHUNGSHEIMEN.
Berichte und Beispiele.
Lüneburg 1993, 86 S., EUR 9,25 (ISBN 3-929058-92-8)

Heft 18: Ulf Händel:
AUFBRUCH INS OFFENE
OUTWARD BOUND ALS EREIGNIS
Texte zur Erlebnispädagogik
Lüneburg 1995, 32 S., EUR 5,-- (ISBN 3-89569-007-4)

Heft 19: Jörg Ziegenspeck (Hrsg.) unter Mitarbeit von Anneke Riess:
FAHRT INS LEBEN.
Der "Outward Bound-Preis 1994":
Erlebnispädagogische Projekte stellen sich vor.
Lüneburg 1996, 127 S., EUR 11,25 (ISBN 3-89569-016-3)

Heft 20: Jörg Ziegenspeck (Hrsg.):
DAS MUSEUM ALS ERLEBNISPÄDAGOGISCHER LERNORT
Museumspädagogik in den Museen der Freien und
Hansestadt Hamburg und ihrer näheren Umgebung
Lüneburg 1997, 132 S., EUR 10,-- (ISBN 3-89569-022-8)

Heft 21: Bernhard Sieland:
HAST DU HEUTE SCHON GELEBT ?
Impulse zur Selbstentwicklung.
Lüneburg 2000, 176 S., EUR 7,50 (ISBN 3-89569-044-9)

Heft 22: Ernst-Rainer Lesch / Gabriele Jarochowski-Lesch:
LERNEN UNTER WASSER.
Theoretische und praktische Überlegungen zum Sporttauchen
als erlebnispädagogische Möglichkeit.
Lüneburg 2000, 81 S., EUR 6,25 (ISBN 3-89569-047-3)

Band 23: Frank Corleis:
DIE BEDEUTUNG VON NATURERLEBNISSEN IN DER SCHULE: NATURERLEBNISPÄDAGOGIK ?
Lüneburg 2000, 147 S., EUR 9,75 (ISBN 3-89569-048-1)

Heft 24: Ernst-Rainer Lesch:
DRUCK MACHEN.
Das Herstellen von Druckgraphiken als gemeinsames Tun und Erleben.
Lüneburg 2001, 72 S., EUR 7,25 (ISBN 3-89569-053-8)

Band 25: Margrit Berthold / Jörg W. Ziegenspeck:
DER WALD ALS ERLEBNISPÄDAGOGISCHER LERNORT FÜR KINDER.
Lüneburg 2002, 126 S., EUR 9,75 (ISBN 3-89569-058-9)

**Alle Schriften können direkt beim Verlag bestellt werden:**

**Verlag**
**edition erlebnispädagogik**
**im**
**Institut für Erlebnispädagogik**
**an der**
**Universität Lüneburg**

**Scharnhorststraße 1**

**D - 21 335 LÜNEBURG**

**Telefon: 04131 / 40 61 47 – Telefax: 04131 / 40 61 48**

**e-mail: ziegenspeck@uni-lueneburg.de**

**Online-Shop: www.uni-lueneburg.de/einricht/erlpaed/verlag_shop.htm**

**ZEITSCHRIFT FÜR ERLEBNISPÄDAGOGIK**

Herausgeber:

*Prof. Dr. phil. Jörg W. Ziegenspeck*

*(Universität Lüneburg)*

Diese Zeitschrift wurde als überregionaler Informationsdienst *"Segeln und Sozialpädagogik"* 1981 begründet und wird seit 1987 als *"Zeitschrift für Erlebnispädagogik"* fortgeführt. Sie wendet sich an die Personen und Institutionen, die der Erlebnispädagogik persönlichkeitsbildende Bedeutung beimessen. Als erste und bisher einzige Zeitschrift im deutschsprachigen Raum, widmet sie sich primär der Erlebnispädagogik und kontinuierlich ihrem handlungsorientierten Anliegen. Sie hat sich inzwischen zu einem wichtigen Forum des überregionalen Gedanken- und Meinungsaustauschs entwickelt und dabei wesentlich dazu beigetragen, die Inhalte des sehr lebendigen Fachgesprächs auf unterschiedlichen Ebenen nicht nur zu bestimmen, vielmehr auch zu differenzieren und zu verbreitern: neben freizeitpädagogisch und natursportlich orientierten Anliegen, Aktionen und Projekten sind in jüngerer Zeit auch musisch-künstlerische, technische, kulturell und ökologisch akzentuierte Praxis- und Forschungsfelder ins Blickfeld geraten und gleichzeitig ins Zentrum des internationalen erlebnispädagogischen Interesses gerückt. Die *"Zeitschrift für Erlebnispädagogik"* bietet sich also als Kommunikations-Plattform an; sie lädt zum Mitdenken, Mitarbeiten und Mitmachen ein.

Die Erlebnispädagogik kann heute als *Alternative* und *Ergänzung* tradierter und etablierter Erziehungs- und Bildungseinrichtungen verstanden werden. Sie ist in der Reformpädagogik verwurzelt, geriet nach dem II. Weltkrieg fast völlig in Vergessenheit und gewinnt in dem Maße neuerlich an Bedeutung, wie sich insbesondere Schul- und Sozialpädagogik kreativen Problemlösungsstrategien verschließen. Als Alternative sucht die Erlebnispädagogik neue Wege *außerhalb* bestehender Institutionen, als Ergänzung wird das Bemühen erkennbar, neue Ansätze *innerhalb* alter Strukturzusammenhänge zu finden.

Von einer solchen vorläufigen Ortsbestimmung aus werden folgende Schwerpunkte wichtig und gewinnen mehr und mehr in allen erziehungswissenschaftlichen Studiengängen an Bedeutung:

- *Historische und gesellschaftspolitische Aspekte der Erlebnispädagogik,*
- *theoretische und praktische Konzepte und Erfahrungen der Erlebnispädagogik und*
- *Inhalte und Methoden der Erlebnispädagogik.*

Daraus resultieren unterschiedliche Aufgabenstellungen und Herausforderungen, denen sich die Schriftleitung und die Autoren dieser Zeitschrift verpflichtet wissen.

**Zeitschrift für Erlebnispädagogik**
im Auftrag des
**Instituts für Erlebnispädagogik e.V.**
**an der Universität Lüneburg**
im
**Verlag edition erlebnispädagogik**

Anschrift von Redaktion und Schriftleitung:

**Universität Lüneburg - Scharnhorststr. 1 - 21335 Lüneburg**
**Telefon: (04131) 40 61 47 - Telefax: (04131) 40 61 48**
**e-mail: ziegenspeck@uni-lueneburg.de**

Die *"Zeitschrift für Erlebnispädagogik"* erscheint jährlich in 12 Ausgaben (zum Teil werden auch Doppel- oder Dreifachhefte publiziert). Der Abo-Preis beträgt EUR 60,-- (incl. Porto und Verpackung); zahlbar jährlich; Kündigung zum Jahresende mit vierteljährlicher Frist. Das einfache Heft kostet EUR 5,-- , das Doppelheft EUR 10,-- und das Dreifachheft EUR 15,-- (excl. Porto und Verpackung). Manuskripte und Rezensionsexemplare sind an die Redaktion zu richten. Manuskripte sind - möglichst nach vorheriger Absprache - in satzfertigem Zustand und einseitig geschrieben zu übersenden. Für unverlangt eingereichte Manuskripte wird keine Haftung übernommen. Die Verfasser tragen für ihre Beiträge die inhaltliche Verantwortung. Eine Verpflichtung zur Aufnahme von Entgegnungen besteht nicht. Die Auswahl der Arbeiten zur Rezension behält sich die Schriftleitung vor. Die Rücksendung von unverlangt eingereichten Rezensionsexemplaren bzw. Manuskripten kann nicht zugesagt werden. Werbeanzeigen und Beilagen besorgt der Verlag. Entsprechende Wünsche werden von der Redaktion an den Verlag weitergeleitet.  Die *"Zeitschrift für Erlebnispädagogik"* wird zum Selbstkostenpreis hergestellt und vertrieben, Autoren-Honorare können daher nicht gezahlt werden.

**Institut für Erlebnispädagogik e.V. an der Universität Lüneburg**

Druck und Herstellung:
Altstadt-Druck
Hauptstr. 4 - 29575 Altenmedingen

**ISSN 0933 - 565 X**